現代文＊日蓮聖人の手紙 1

死別の悲しみ

石川教張

国書刊行会

一漁夫の子と生まれいで天下の反抗をものともせず、堅く自己の所信を執って世には従わず、世をば従えしもの大才大器と言わざるを得ず。

——幸田露伴「日蓮上人」(『少年文学』所収)

はじめに

時の流れは幾つもの思い出を忘却《ぼうきゃく》の彼方《かなた》に押しやり、たいせつな思い出を洗いだし、清め、忘れえぬものに磨《みが》きあげてくれます。

四年前の平成十四年四月二十四日に、石川教張上人の突然の訃報《ふほう》に接したとき、私の脳裏に去来《きょらい》したのは、いつも変わらぬ上人の温顔《おんがん》と、亡《な》き私の妻への真情あふれる回向文《えこうもん》と、できたばかりの『現代語訳　日蓮聖人の手紙』を手に取って、感激している若き日の上人の生き生きとした表情でした。

上人の悲報に先立つ平成八年五月三十日、私はいつもどおりの朝を迎えました。玄関先の小鳥の声を目で追うと、いちだんと緑の濃くなった庭の梅や銀杏《いちょう》の枝越しに、陽光がさしこんでいます。庭先の妻の手には、仏壇に供《そな》えるため切り採《と》ったばかりの花が揺れていました。

仕事を終え、いつもどおりに帰宅した玄関に照明はなく、真っ暗な家のなかに変わりはてた妻の姿がありました。クモ膜下《まくか》出血に襲われ、私の手のとどかぬはるか彼方に誰も知らぬ間《ま》に独《ひと》りで旅立っていたのです。

茫然自失《ぼうぜんじしつ》の私のもとに、墨の跡も鮮《あざ》やかな真心《まごころ》こもる回向文をもち、石川上人が駆けつけてくれました。威儀《いぎ》を正《ただ》し、上人はみずから、

慎《つつし》み敬《うやま》って　南無久遠実成大恩教主釈迦牟尼佛《なむくおんじつじょうだいおんきょうしゅしゃかむにぶつ》　南無平等大慧一乗妙法蓮華経《なむびょうどうだいえいちじょうみょうほうれんげきょう》　南無末法有縁の大導師高祖日蓮大菩薩《なむまっぽううえんのだいどうしこうそにちれんだいぼさつ》　佛祖三宝《ぶっそさんぼう》の御宝前《ごほうぜん》に於《おい》て……

に始まる回向文を読みあげます。私は、

……雲《くも》は消《き》えても　また湧《わ》き出《い》づる　月《つき》は雲《くも》に入《い》りても　また出《い》でぬ　なにゆえに人《ひと》の命《いのち》ばかりは　去《さ》って再《ふたた》び帰《かえ》らざる……

の文言《もんごん》を耳にしたとき、とめどなく涙があふれ、

……この女人《にょにん》　花《はな》を愛《あい》し庭《にわ》を歩《あゆ》みて　四季《しき》折々《おりおり》の花《はな》づくりに心《こころ》を尽《つ》くす　花《はな》こそ命《いのち》　花《はな》こそ心《こころ》なり　自然《しぜん》の美《うつく》しさ　恵《めぐ》みに心《こころ》を宿《やど》し　命《いのち》をまっとうして　心《こころ》の花《はな》を開《ひら》かせたり　今《いま》　その心《こころ》はまことに　ここにあり　つねに出《で》る日《ひ》　咲《さ》く花《はな》に影《かげ》を浮《うか》ぶる身《み》となり　釈迦牟尼世尊《しゃかむにせそん》まします霊山浄土《りょうぜんじょうど》に久遠《くおん》の命《いのち》をとどめ給《たま》う

……日蓮《にちれん》必《かなら》ず待《ま》ち奉《たてまつ》りて　手《て》を引《ひ》き肩《かた》を抱《いだ》きて　共《とも》に霊山浄土《りょうぜんじょうど》に参《まい》るべし

……花《はな》は根《ね》にかえり　真味《しんみ》は土《つち》にとどまる　この回向《えこう》の功徳《くどく》は　ひとえに聖霊《しょうりょう》の御身《おんみ》のもとに集《あつ》まるべし　南無妙法蓮華経《なむみょうほうれんげきょう》

を聞き終えて、心底から亡《な》き妻の成仏の導きを確信しました。そこには、日蓮聖人のおことばにもとづき、日蓮聖人の教えに導かれて回向《えこう》することこそ大事なのだという、石川上人の真骨頂《しんこっちょう》があふれています。

その夜、私は耳に残る上人の声を頼りに、回向文を自分で読みあげてみました。読めば読むほど心に響いてきます。告別式までのあいだ、くりかえしくりかえし声をあげて読誦《どくじゅ》し、ついに暗唱《あんしょう》できるまでになっていました。

石川教張上人とは国書刊行会の草創期に出会いました。幾点もの出版企画に参加していただき、単行本は昭和五十一年九月刊の『現代語訳 日蓮聖人の手紙』が最初です。いまから三十年ほどまえの、石川上人が三十五歳、私が三十八歳のときです。上人と同年生まれの妻は池上本門寺の庭を遊び場として育ち、お会式《えしき》への思い入れがことのほか深く、日蓮聖人に人一倍の親近感をいだいていました。そのためもあって、上人の現代語訳を手に取り、「上野殿尼御返事《うえのどのあまごへんじ》」を読んで出版をわがことのように喜んでくれたのでした。

思えば、三十年前に初版を世に出したのち版を重ね、多くの読者に迎えられ好評でした。しかし平成二年の改訂後、長い時間がたちました。

このたび、思い出深い本書を改編し、明らかな誤字誤植を正し、作家でもあり文学に造詣《ぞうけい》の深かった上人の流麗な現代語訳の名文を、今日の読者におとどけする新装版の企画を立案しました。石川千代さまはじめご遺族のご支援のもとに、初版時の編集者の一人である割田剛雄君（現・国書サービス）にふたたび担当してもらい、まとめることができました。

本書が新しい生命《いのち》をえて、新しい読者の目にふれ、日蓮聖人の慈愛あふれる教えと石川教張上人の熱誠《ねっせい》が、一人でも多くの方にとどかんことを、心から願っています。

平成十八年三月

国書刊行会社主　佐藤　今朝夫

目次

凡例

一、本書は石川教張編著『現代語訳　日蓮聖人の手紙』1（国書刊行会、昭和五十一年刊）の第一章をもとに、新たに編集したものである。

二、新編集にあたり、『現代語訳　日蓮聖人の手紙』の明らかな誤字・誤植を正し、表記を統一し、ルビを加え、見出しを改め、脚注を加え、同書収録の「日蓮聖人のご遺文」の原文は削除した。

三、著者は『日蓮聖人の人間像』で、「日蓮聖人のことは、日蓮聖人自身が語ったものによって知るにしくはない」（二頁）と述べ、「……（日蓮聖人の）数多い著作や書簡は、いずれも日蓮の声であり体であり心である」（『精読・仏教の言葉　日蓮』二頁）と示されている。これにならい、著者の数多い著書をひもとき、そこに述べられている「石川教張のことば」を蒐集し、本文の文意を補う意味で脚注に引用し、さらに本書に関連する珠玉の文章の一部を、各章末に「石川教張のことば」として収録した。

四、編集上の参考とし、引用したのは左記の著書である。

①『日蓮聖人ご妙判　引導文聖語集』　東京西部教化センター　昭和五十四年

②『文学作品に表われた日蓮聖人』　国書刊行会　昭和五十五年

③『日蓮聖人ご妙判　回向文例集』　東京西部教化センター　昭和五十六年
④『日蓮聖人大事典』（共編著）　国書刊行会　昭和五十八年
⑤『日蓮聖人のものがたり世界　日本篇』　国書刊行会　昭和六十年
⑥『日蓮聖人のものがたり世界　中国篇』　国書刊行会　昭和六十年
⑦『信じあう人生』　渓水社　昭和六十三年
⑧『日蓮聖人のものがたり世界　インド篇』　国書刊行会　平成三年
⑨『女人法華』　水書房　平成八年
⑩『新編　法華回向文抄　追善回向文』　国書刊行会　平成八年
⑪『新編　法華回向文抄　行事祈願回向文』　国書刊行会　平成八年
⑫『人間日蓮』（上・下）　学陽書房　平成十年
⑬『日蓮聖人の生涯』一～三　水書房　平成十一年
⑭『風の峯　波木井実長の生涯』　日蓮宗新聞社　平成十一年
⑮『日蓮聖人の人間像』　大蔵出版　平成十三年
⑯『精読・仏教の言葉　日蓮』　大宝輪閣　平成十三年
⑰『法華　職業別歎徳文集1』　国書刊行会　平成十六年　他

五、脚注および新編全体の編集は割田剛雄（国書サービス）が担当した。

Ⅰ　子どもに先立たれた母のために

（一）七郎五郎の急死にこたえて——上野殿後家尼御前御書

弘安三年（一二八〇）九月六日、日蓮聖人五十九歳のとき、身延にて述作。後家尼《ごけあま》の息子七郎五郎（上野＝*南条七郎次郎時光の弟）が、わずか十六歳で死去したことをいたみ、その母をなぐさめ、法華経の行者であった、亡《な》き七郎五郎の成仏の疑いないことを述べたもの。真蹟現存。（定一七九三）

南条次郎時光　日蓮聖人の四大檀越《だんのつ》の一人。駿河国上野郷を知行したため、上野殿とも呼ばれた。上野郷を中心に、この地一帯の日蓮信徒群の代表的人物。

1　夢か幻か

南条七郎五郎殿が*死去されたこと、人は生まれて死ぬことは世《よ》の習《なら》いである、とは賢《かしこ》い者も愚《おろ》かな者も、上下同一に知っていることで、いまさらはじめて嘆《なげ》いたり、驚いたりすることはない、ということは自分も知り、人にも教えてきたことであるが、いよいよその時にあたってみると、夢か幻《まぼろし》のように思われ、いまだ世の常であることを分別《ふんべつ》できなく思うのである。

2　同悲と救済の心

まして、母親であるあなたには、どんなにかお嘆きのことであろう。すでに、父母にも兄弟にも先立たれ、最愛の夫*にも別れられたが、子供たちは多くいたので、それがせめてもの心の慰めであったろうと思っていたのに、（七郎五郎殿は）可愛《かわい》くしかも男の子で、顔かたちも人より勝《すぐ》れ、気持ちもはきはきしていたから、まわりの

死去　七郎五郎の死は弘安三年（一二八〇）九月五日、享年十六歳。駿河上野郷と身延との距離は、一日で往復可能であった。死去の急報を聞き、日蓮聖人は翌六日に真情あふれる弔意の手紙を一気に綴った。

最愛の夫　南条兵衛七郎。執権北条時頼の近臣。文永二年（一二六五）病没。このとき七郎五郎は母の体内

人々の目にもさわやかに見えていたのに、つぼみの花が風のためにもろくも萎《しぼ》み、満月が雲のなかに急に隠《かく》れて失《うしな》われたように思われる。

まことに亡《な》くなられたとも思えないので、この手紙を書きつける気にもなれない。またまた申しあげたいと思う。*恐恐謹言《きょうきょうきんげん》。

九月六日

日蓮 花押

上野殿御返事

追伸。

さる*六月十五日にお会いしたときには、天晴《あっぱ》れ度胸《どきょう》のある者だなあ、男らしい男だなあと思っていたのに、またと見ることができなくなったのは本当に悲しい。

恐恐謹言 恐れながら、つつしんで申し上げます、の意。手紙の末尾のあいさつのことば。

六月十五日 著者は『人間日蓮』の中で「七郎五郎は、兄の時光とこの年の六月十五日にいた。

そうではあるが、釈迦仏・法華経に身を入れて信心されたから、臨終《りんじゅう》は見事《みごと》であったろう。心は亡《な》き父君《ふくん》と一所に、霊《りょう》山浄土《ぜんじょうど》に参って手をとりあい、顔を合わせて悦びあっているであろう。あわれなり、あわれなり。

に身延山を訪れ、熱原の事について報告しに来たばかりであった」（下三一六頁）と記している。熱原の事とは弘安二年の熱原法難のことである。

（二）四十九日忌の手紙――上野殿母尼御前御返事

弘安三年（一二八〇）十月二十四日、日蓮聖人五十九歳のとき身延にて述作。亡《な》き七郎五郎の四十九日忌《き》に当たり、母親である上野殿母尼御前が供養の品を送ってきたことに感謝しつつ、法華経を信じた亡夫と亡き子の成仏をあかし、また、霊山浄土《りょうぜんじょうど》において最愛の人と再会するよう信心をすすめたもの。真蹟*現存。（定一八一〇）

真蹟　南条家にあてた日蓮聖人の手紙は四十余通にのぼる。亡き七郎五郎の四十九日忌にあたってのこの手紙は、二十九紙の長文であった。

1　供養と廻向

故南条七郎五郎どのの四十九日忌にさいし、ご菩提をとむらうために、目録に記すごとくお送り下さり、ありがたくいただいた。銭二貫文・白米一駄・芋一駄・すり豆腐・こんにゃく・柿一籠・ゆず五十など。ご菩提のために、法華経一部、自我偈数度、題目百千返をお唱え申しあげた。

2　法華経は最上の教え

そもそも法華経というお経は、釈尊が一代に説かれた聖なる教えのなかでは、ほかの経にたいして比べようもないお経である。しかも*唯仏与仏《ゆいぶつよぶつ》といって、

「ただ仏と仏とのみ、よくきわめ尽くすことができる」

と説かれている。

仏と仏とのみ、この法華経を知りうるのであって、仏に等しいほ

唯仏与仏　大乗の仏の悟りの世界は、凡夫や二乗（声聞・縁覚）が、思案したり理解したりできるものではなく、ただ仏と仏とのみが、互いに知り、理解しうる世界。

どの智徳《ちとく》をそなえる最高の菩薩以下の人びとでさえ、知ることはできない。まして、凡夫の思慮分別《しりょふんべつ》によってわきまえることはできにくいのである。

そこで、*龍樹《りゅうじゅ》菩薩の*大智度論《だいちどろん》には、

「仏以下はただ信じて仏となれる」

と書かれているのである。法華経第四の巻法師品《ほっしほん》には、

「薬王よ、いま汝につぐ。わが説いてきた教えとして、もろもろの経がある。しかし、これらの経のなかにおいて法華経が最第一である」

と示されている。同じく第五の巻安楽行品《あんらくぎょうほん》には、

「*文殊師利《もんじゅしゅり》よ。この法華経は諸仏・如来の秘密の蔵《くら》である。もろもろの経のなかにおいて、もっとも上にあるものだ」

と説かれている。第七の巻薬王菩薩本事品《やくおうぼさつほんじほん》にも、

龍樹菩薩　一五〇〜二五〇年頃に活躍した南インドの僧。中観派の祖。八宗の祖師。

大智度論　龍樹の著。一〇〇巻。大品般若経の注釈書であり、大乗仏教の百科全書。

文殊師利　梵語マンジュシュリーの音写。文殊菩薩のこと。大乗仏教の悟りの智慧のシンボル。

「この法華経もまたこのようであって、もろもろの経のなかにおいて、最上の経である」*

といい、さらにまた、もろもろの星のなかで月がもっとも明るいように、この法華経は、

「闇をもっともよく照らす、ゆえにもっともこの経が尊い」

とのべられている。

これらの経文は、私が勝手にのべたものではない。仏がいわれた誠《まこと》のことばであるから、いささかもあやまりのないことは明らかである。

民《たみ》の家に生まれた者が、自分は侍《さむらい》に等《ひと》しいなどといえば、必ず罪科《つみとが》とされる。まして自分は国王と等しいとか、国王より勝《すぐ》れているなどといえば、自身の罪科《つみとが》となるのみならず、父母や子にいたるまでも必ず禍《わざわ》いがおよぶことになる。ちょうど大火事をおこすと、

最上の経　中国の天台大師智顗《ちぎ》は八万四千の法門といわれる仏教経典を整理し、教えの特徴や優劣を判定して五時八経の教相判釈《きょうそうはんじゃく》（教判）を確立。法華経を最上とした。

ほかの家まで焼いてしまい、大木が倒れるときには、そのまわりの小木も倒れるようなものである。

仏教もまたこのようである。華厳《けごん》・阿含《あごん》・方等《ほうどう》・般若《はんにゃ》・大日経《だいにちきょう》・阿弥陀経《あみだきょう》などの、もろもろの経をより所とする人びとが、自分の信じたままにどの経が勝《すぐ》れ、どれが劣《おと》っているかも知らないで、自分の信ずる阿弥陀経等は法華経と等しいとか、あるいはまた法華経より勝れているなどというならば、その一類の人びとは、自分の信ずる経をほめられてうれしいと思うだろうけれども、それはかえって罪科《つみとが》となって、そういう師も弟子も*檀那《だんな》も、矢を射るように速《はや》く*悪道に堕《お》ちてしまうのである。

ただし、法華経は一切の経より勝れているといった場合はさしつかえない。そればかりか、かえって大きな功徳を積むことになる。なぜなら、経文にそう説かれているからである。

檀那　施主・布施者のこと。梵語のダーナパティが音写されたのが檀越で、寺院や僧侶に財物を施して、経済的支援をする信者をいう。日本では、寺院に属し布施する在家を檀家といい、その布施者を檀那という。

悪道　現世でおこなった身・口・意の悪事の結果、死後に行かねばならない苦しみの世界。悪趣ともいう。地獄・餓鬼・畜生の三悪道（三悪趣）など。

この法華経が説かれる直前に、仏ははじめ無量義経*という経をのべられた。それはたとえば、大王が行幸*《ぎょうこう》されるときに、将軍が先陣となって狼藉《ろうぜき》する者をしずめるようなものである。その無量義経に、

「四十余年の間、さまざまに説いてきたが、いまだ真実をあらわし示していない」

と仏はのべられている。これは、将軍が大王に敵対する者を、大弓を使い矢を放って射《い》はらい、また太刀をふるって切りすてるようなものである。

この経は、華厳経を読む華厳宗の者、阿含経をたもつ律僧等、観経（観無量寿経）を信ずる念仏者等、大日経をよりどころとする真言師等の者どもが、法華経にしたがわないのを攻めなびかす名剣というべき、教主釈尊の勅宣《ちょくせん》なのである。たとえば、安倍貞任*《あべのさだとう》を

無量義経　法華経・観普賢経とともに法華三部経の一つ。法華経の開経。

行幸　国王や天皇が国内各地に出向くこと。

安倍貞任　平安時代中期の東北陸奥の豪族。一〇一九—一〇六二。

源《みなもとのよしいえ》 義家が攻め、平清盛とその一門を、源頼朝が打ち滅《ほろ》ぼしたようなものなのである。無量義経が、

「四十余年の間、いまだ真実をあらわしていない」

と示した経文は、*不動明王のもつ智慧の利剣《りけん》と慈悲のなわ、愛染《あいぜん》明王《みょうおう》が魔障《ましょう》や妄心《もうじん》を射とるために、両手に握る弓と矢にほかならない。

故南条五郎どのが、死出《しで》の山《やま》、*三途《さんず》の河《かわ》を越していかれようとしたとき、煩悩という山賊《さんぞく》や罪業の海賊を静めて、事故なく霊山浄《りょうぜんじょう》土《ど》へ参ることができるお供の兵《つわもの》とは、この無量義経に説く、

「四十余年の間、いまだ真実をあらわしていない」

と示した経文である。

不動明王 人びとを救い仏法に導くために、怒りの形相で、右手に降魔の利剣を握り、左手に悪逆無道を捕縛する綱(なわ)をもち、火炎を背負っている。

三途の河 人が死んで初七日に渡る川に、三つの渡る瀬(三途)があり、生前の業によって、渡る場所が決められているという。

3　法華経は大塔、一切経は足代

法華経第一の巻方便品《ほうべんぼん》には、

「世尊は法を長い間説かれたのちに、必ず真実を説かれる」

とあり、また、

「正直に方便を捨てて、ただ無上道を説く」

とのべられている。第五の巻安楽行品《あんらくぎょうほん》には、

「*転輪聖王《てんりんじょうおう》のもとどり*のなかにある、唯一の明珠《みょうしゅ》」

とか、また、

「転輪聖王の頭の頂上に、このたった一つの珠《たま》がある」

といわれ、さらに、

「この権勢《けんせい》の力ならびなき王が、長い間もとどりのなかにしまっ

転輪聖王　正義をもって世界を治めるという、古代インドの理想的国王。

もとどり　髪の毛を頭頂にたばねた所。また、その髪のこと。

て、護《まも》ってきた明珠をいまはじめて与《あた》えるように、法華経を譲《ゆず》り与《あた》える」

などと説かれている。

この経文の心はこうである。

日本国に度《わた》ってきた一切経の総数は、七、三九九巻であった。これらの経は皆、法華経の眷属《けんぞく》*だ、ということである。たとえば日本国の男女の数は、四十九億九万四千八百二十八人余*だけれども、皆一人の国王の家人であるのと同じである。

「一切経の心とはなにか」

を愚かな女人などが、ただ一瞬のあいだに心得ることができるためには、次のような見方が大切である。たとえていえば、大塔を建てるにはまず材木を使う前に、足代《あししろ》といって、多くの小さい木を集め一丈《じょう》、二丈ぐらいの高さにゆわえつけ、足場をきずいてから材木を使っ

眷属　従者。仏・菩薩につきしたがうもの。ここでは法華経にしたがう経典の意。

四十九億九万四千八百二十八人　当時の一億は十万を単位とするので、四百九十万人余人。

て大塔を組みあげていく。大塔がつくられたのちは、今度は足代を切り捨てて大塔だけがのこる、という方法を参考にすべきである。

つまり、足代というのは一切経のことである。大塔というのが法華経のことである。仏が一切経を説かれた真意は、法華経を説かれようとされるための足代として示された、ということである。

「正直に方便《ほうべん》を捨てる」

と法華経方便品で説かれたが、法華経を信ずる人は、阿弥陀経等を信じて「南無阿弥陀仏《なむあみだぶつ》」と唱えたり、大日経等をよりどころとする真言宗や、阿含経等を信じる律宗《りっしゅう》が、*二百五十戒をたもつことなどを切り捨てなげうってからのち、法華経をたもつということである。

大塔を組み上げるためには、足代は大切ではあるけれでも、大塔ができあがってしまったならば、もはや不必要な足代を切り落とす

二百五十戒　僧が守るべき具《ぐ》足《そく》戒《かい》には、比《び》丘《く》の二百五十戒、比《び》丘《く》尼《に》の三百四十八戒などがある。

のである。これが、

「正直に方便を捨てる」

という経文の意味である。足代があって塔はできあがるのではあるけれども、だからといって、だれが塔を見捨てて足代の方を拝《おが》むであろう。それなのに、いまの世の仏道を求める者たちは、一向《いっこう》に「南無阿弥陀仏」とのみ唱えて一生をすごし、

「南無妙法蓮華経」

とは一遍《いっぺん》も唱《とな》えない人びとばかりである。この人びとは、大塔を捨てて足代を拝むものたちである。世間のことわざに、利口ぶっておろかな人（利口馬鹿《りこうばか》）というのは、このことである。

4　亡き子の成仏

しかし、故《こ》七郎五郎どのは、こうしたいまの世の日本国の人びとにまったく似ることもない。幼い頃から、法華経を信じる賢《かしこ》き父の跡をうけつぎ、まだ二十歳《はたち》にもならない年端《としは》なのに、

「南無妙法蓮華経」

と唱えられて仏《ほとけ》となられた。

「法華経を聞く者は、一人として仏にならない者はない」（法華経方便品）

とはこのことである。

悲母《ひぼ》*として、わが子を恋しく思いこがれ、乞《こ》い願うならば、「南無妙法蓮華経」と唱えられて、

悲母　慈悲深い母親。慈母。

「亡夫《ぼうふ》南条どの（兵衛七郎）、故《こ》五郎どのと三人いっしょに一つ所に生まれかわりたい」

と願われるがよい。一つ種《たね》はどこまでも一つ種である。別の種はどこまでも別の種である。亡《な》き夫、亡《な》きわが子と同じ妙法蓮華経の種《たね》を心にはらみなされるならば、同じ妙法蓮華経の国へ生まれられるのである。そして、三人がいっしょに顔をあわせられたときのお悦びは、いかばかりであろうか、どんなにかうれしく思うであろうか。

5　法華経の行者への守護

そもそも、この法華経を開いて拝見すると、

「如来は法華経を信ずる人を衣《ころも》をもっておおわれ、またこの人は

他国にいまいる諸仏に護《まも》られる」（法師品）と説かれていることがわかる。この経文の心は、東西南北はじめ四方八方、ならびに*三千大千世界の外の、四百万億*那由他《なゆた》という、はかりしれないほどの国土に、十方の諸仏がぞくぞくとみちあふれるほど集まられ、天にちらばる星のように、大地に稲や麻がいっぱいはえしげるように、無数にならんでいて、法華経の行者を守護されるのである。これは、たとえば大王の太子を、たくさんの臣下が守護するようなものである。

ただ、四天王の一類が守られていることさえかたじけなく思うのに、いっさいの四天王、いっさいの星宿《せいしゅく》、いっさいの日月《にちがつ》、帝《たい》釈天《しゃくてん》、梵天《ぼんてん》等が守護されているのである。これだけで十分なのに、しかもそのうえ、声聞《しょうもん》・縁覚《えんがく》のいっさいの二乗、いっさいの菩薩《ぼさつ》、兜率天《とそってん》の内院にいる弥勒菩薩《みろくぼさつ》、迦羅陀山《からだせん》の地蔵《じぞう》菩薩、補陀落山《ふだらくせん》の

三千大千世界　仏教の世界観では、須弥山《しゅみせん》を中心とする一世界を千個合わせたのを小千世界、それを千個合わせたものを中千世界、それを千個合わせたものを大千世界という。この大千世界を、三千大千世界ともいう。

那由他　古代インドの数の単位。千万または千億に相当するなどの諸説がある。きわめて大きいの意。

観世音《かんぜおん》菩薩、清涼山《しょうりょうせん》の文殊師利《もんじゅしり》菩薩等も、それぞれ眷属《けんぞく》をひきつれて法華経の行者を守護なされているのである。これでもうまったく不足はないのに、さらにまたもったいなくも釈迦如来《しゃかにょらい》、多宝《たほう》如来、十方の諸仏が*手ずからみずから来られて、昼夜十二時間にわたって守られていることは、まったくかたじけなく言うべきことばもないほどである。

このような、尊くすばらしいお経を、故《こ》五郎どのは信用して仏《ほとけ》になられてから、今日はちょうど四十九日になったので、いっさいの諸仏は*霊山浄土《りょうぜんじょうど》に集まられて、故《こ》五郎どのに手をおき、あるいは頭をなで、あるいは抱き、喜ばれているであろう。月がはじめて出たように、花がはじめて咲いたように、どんなにか故五郎どのを愛されていることであろう。

そもそも、どうして*三世十方《さんぜじっぽう》の諸仏が、これほどまでにすすん

手ずからみずから……自分で直接やってこられて、の意。

霊山浄土　日蓮聖人は釈迦の浄土（清浄仏国土）である霊山浄土こそ、死後におもむく世界であると強調した。

三世十方　三世と十方で無限の時間と無限の空間をあらわす。三世

で、この法華経を守られるのかを考えてみると、それも道理のあることである。法華経というのは、三世十方の諸仏にとって父母であり、乳母《うば》であり、主人であるからである。

カエルは、母の声を食物とする。そこで母の声を聞かないと成長することはできない。カラグラ*という生きものは、風を食物とする。それで風が吹かないと成長しない。魚は水をたのみとし、鳥は木を住家《すみか》とする。仏《ほとけ》もまた同じである。法華経を命《いのち》とし、食物とし、住家《すみか》とされる。魚は水に住む。仏はこの経に住まわれている。鳥は木に住む。仏はこの経に住まわれている。月は水に宿《やど》る。仏はこの経に宿《やど》られている。それゆえ、この法華経のない国には、仏がおられることはない、とお心得なされるがよい。

は過去・現在・未来。または前世・現世・来世（後世）。十方は東・西・南・北の四方と四隅（北東・北西・南東・南西）と上・下のこと。

カラグラ　インドに生息するトカゲの一種。

6　輪陀王と白鳥と白馬

これについて次のような故事《こじ》＊がある。

昔、輪陀王《りんだおう》という王がいた。全世界の南半分をおさめる国王であった。この王はなにを召しあがったかというと、白馬のいなくく声を聞いて、これを食べものとした。

この王は、白馬がいななけば年も若くなり、血色《けっしょく》もよくなり、心魂《しんぱく》にも勇気がでて力も強くなり、また明るい政治をおこなった。このために、その国では白馬を多く集めて飼った。ちょうど、魏王《ぎおう》という王が鶴《つる》を多く集め、徳宗《とくそう》皇帝がほたるを愛したようなものであった。

ところで、白馬がいななくのはなぜかというと、それは白鳥が鳴

故事　昔からいい伝えられ、いわれのある事柄。昔あった事柄。

くためであった。そこでまた白鳥を多く集めた。

あるとき、どうしたわけか、白鳥がいなくなったため、白馬はいななかなくなってしまった。そこで、大王の食べものが絶《た》え、盛りの花が露にしおれたように、満月が雲におおわれたように、とうとうこの王の命が絶えようとしたので、后《きさき》・太子・大臣はじめ一国こぞって皆、母に別れた子のように、ことごとく顔色《がんしょく》を失って、袖を涙でぬらした。

「どうしたらよいのだろう、どうしたら」

と途方にくれてしまった。

ところで、その国には外道《げどう》*が多かった。いまの日本の、禅宗・真言師・律僧等がさかんなようなものであった。だが、またその国にも仏弟子がいた。いまの世の法華宗の人びとのようなものである。その仲の悪さは、水と火のようであり、胡《ご》と越《えつ》の両国が対立したこ

外道　真理にそむく説、邪説のこと。また、邪説を説く人。仏教では仏教以外の教えをさす。

とにも似ていた。

大王は＊勅宣《ちょくせん》を下して、

「すべての外道《げどう》の者が、この白馬をいななかせたならば、仏教を禁じて、もっぱら外道を、諸天が＊帝釈天《たいしゃくてん》を敬《うやま》うように信じよう。仏弟子がこの馬をいななかせるならば、すべての外道の頸《くび》を切り、その住む所を奪いとって、仏弟子に与えよう」

と命じた。外道はこれを命ぜられて顔色を失い、仏弟子も嘆きあった。けれども、そのままにしておけぬことであったから、まず外道から先に七日間、白馬をいななかせようと祈りの行《ぎょう》をしたが、白鳥も来ず、白馬もいななかなかった。

あとの七日間を仏弟子に祈らせた。ここに馬鳴《めみょう》という無名の若き僧がいた。諸仏がご本尊とされている法華経によって、七日の間祈ったところ、白鳥が壇の上に飛んできた。

勅宣　勅命の宣旨。みことのり。

帝釈天　仏教を守護する神。インド神話のインドラ神が仏教に取り入れられたもの。十二天の一つで東方を守る。

この白鳥が一声鳴くと、一頭の白馬が一声いなないた。大王は、馬の声を聞いて病の床より起きあがられ、后《きさき》をはじめ多くの人びとが、馬鳴に向かって礼拝《らいはい》をした。白鳥は一、二、三羽と飛んでき、やがて十、百、千羽とやってきて国中にいっぱいとなった。その声を聞いて、白馬もしきりにいななき、一頭二頭からやがて百、千頭もの白馬がいなないた。

大王はこの声を耳にすると、顔の容貌《ようぼう》もふたたび三十歳ばかりも若がえり、心は太陽のように明るくなり、政治も正直におこなわれるようになった。そこで天より甘露《かんろ》*がふりそそぎ、大王の命令に万民《ばんみん》がしたがうようになって、百年の長い泰平《たいへい》の世を治めた、という。

仏もまた、これと同じである。多宝仏*という仏は、この法華経に値《あ》わなければご入滅されるが、この経を読む時代には、出現される

甘露　①諸天の飲みもので、味は蜜のごとく甘く、一度飲むと不老不死になるという。転じてお釈迦さまの説法をさす。②中国古来の伝説に、王が仁政をおこなうとき、天はめでたいしるしとして、甘味の液を降らすという。ここでは②の意。

多宝仏　法華経が説かれたとき、法華経の真実を証明するために地中から宝塔を湧出し、「釈迦牟尼世尊の説く所の如きはみ

のである。釈迦仏、十方の諸仏もこれと同じである。このような、まことに不思議な徳をそなえる経であるから、この経を信じたもつ人を、どうして＊天照大神《あまてらすおおみかみ》・＊八幡《はちまん》大菩薩・富士《ふじ》千眼《せんげん》（浅間）大菩薩が見捨てられることがあろうか、と思うとたのもしいかぎりである。また、この経に怨《うら》みをなす国にあっては、どんなに正直な心で祈ろうとも、必ずその国には七つの災難が起こって、他国から攻め破られ、国が亡びることとは、大海のなかで大船が大風に値《あ》い、大ひでりが草木を枯らすのにひとしいと思われるがよい。

現在、日本国をいかに祈ろうとも、日蓮一門の法華経の行者をさげすまれるならば、さまざまに祈ろうとききめはなく、かえって＊大《だい》蒙古国《もうここく》に攻められて、まさに亡《ほろ》びようとするようなものである。

いまこそご覧なされるがよい。けっしてこのままではすむまい。これはいずれも法華経に怨《うら》みしたためである、とご信じなさるがよ

なこれ真実なり」と叫ぶ。

天照大神　高天原の主神。日の神と尊ばれ、伊勢の皇大神宮に祀《まつ》られ、皇室崇敬の中心となってきた。

八幡大菩薩　八幡宮の祭神。古来、弓矢・武道の神として広く信仰される。

大蒙古国　モンゴル帝国のこと。ジンギス汗の孫フビライ汗のとき、中国を平定し、元と称し、二度にわた

い。

7　法華経の信心によって亡き夫・子との再会を

さて、故《こ》五郎殿が亡《な》くなられてから、すでに四十九日である。無常は世《よ》の習《なら》いであるが、このことを聞く人でさえ忍びがたい嘆きであるのに、まして母となり妻となる人にとっては、なおさらのことである。あなたの心のなかをお察し申しあげる。

人の子には、幼いものもあれば、大きくなったものもあり、醜《みにく》いものもあれば、身体の不自由なものもいる。そういう子ですら可愛いという気持ちに変わりはないのに、故《こ》五郎殿は男の子であるうえに万事に通じ心の優《やさ》しい人であった。夫の上野殿とは、あなたが若いときに死にわかれたので、当時はずいぶん悲嘆にくれたことで

り九州に来寇。日蓮聖人のご遺文には大蒙古国と小蒙古国の、二種の表現が出てくる。聖人は仏教守護の善神が、悪法に帰依している日本を懲《ちょう》罰《ばつ》するために派遣したのが蒙古襲来であり、かねての予言の証明であるとする。この第一回目の文永の役に際して「大蒙古国」の表現が用いられている。聖人の予言の真実が証明されたあとの、第二回目の弘安の役では「小蒙古国」としている。

あった。懐妊《かいにん》しなければ、火にも、水にも、入りたいと思ったほどであったが、この子（七郎五郎）が無事に生まれたので、誰かにこの子の行《ゆ》く末《すえ》を頼んで、のちに身をも投げようと、思いつつ心を慰めてこの十四、五年を過《すご》してきた。

それなのにいまはどうしたらよいのだろう。二人の男の子に見まもられ、荷《にな》われて墓所に行くことこそ本望《ほんもう》であると、たのもしく思っていたのに、今年の九月五日、月を雲にかくされ、*花が風にふかれて散るように、愛するわが子を失ったのは、夢か夢でないのか、夢ならばあまりに長い夢かなと嘆きながら、夢うつつにも四十九日となってしまった。

もしも本当ならば、どうしたらよいだろう。

咲いた花が散らないでつぼみの花は枯れ、老いた母は残って若き子は去っていった。

月を雲に……　日蓮聖人は檀信徒にあてた手紙のなかでくりかえし世の無常を示した。著者もまた、日蓮聖人のことばを『日蓮聖人ご妙判　引導文聖語集』などにまとめ、回向文として活用されることを念じた「石川教張のことば1」（本書八二頁以下）参照。

何たるなさけない無常の世のなかであろう。無常なことであろう。

このなさけない国をいとい、捨てられて、故《こ》五郎殿が信用した法華経に身をまかせ、常住《じょうじゅう》にて、こわれることのない霊山浄土《りょうぜんじょうど》へ参られるがよい。

父は霊山におられ、母は娑婆《しゃば》にとどまる。両親二人の中間におられる故《こ》五郎殿の心が思いやられて、哀《あわ》れに思うのである。

もっといろいろ申しあげたいことがあるが、いまはこれで止《や》めておきたい。恐々謹言《きょうきょうきんげん》。

十月二十四日

日　蓮　花押

上野殿母尼御前御返事

（三）亡き子との再会を導く――上野尼御前御返事

弘安四年（一二八一）一月十三日、身延にて書く。日蓮聖人六十歳。わが子を亡《な》くした母[*]の悲嘆、つらさを思いおこし、わが子恋しくば、釈迦仏を信じて霊山浄土《りょうぜんじょうど》にまいり、亡《な》き子とめぐり会えるように示して、信心をすすめたもの。真蹟現存。（定一八五七）

1　子は敵《かたき》、子は財《たから》

清酒一筒、銚子十個、むし餅百個、飴一桶、白米一升、みかん、こうじ一籠、串柿十連《れん》、いっしょに送っていただき、ありがたく頂

母の悲嘆　著者は『女人法華』のなかで、その切なる母親の心情を綴っている。くわしくは「石川教張のことば6」（本書九五頁）参照。

戴した。

「春のはじめのお喜び、花のように開け、月のように満つるように」とのおことば、つつしんでうけたまわった。

それにつけても、亡《な》き五郎殿のことが思い出される。散った花もまた咲こうとし、枯れ草も芽を出そうとしている。故《こ》五郎殿だけがどうして返《かえ》ってこないのか。あわれ無常ということが、花や草のようならば、歌人の*柿本人麻呂《かきのもとのひとまろ》でなくても、花の下は離れまい。つながれた馬でなくても、草のそばをどうして去ったりしようか。

*経文には、

「子は敵《かたき》」

と説かれているが、それはいわれのあることだと思う。フクロウという鳥は母を食べ、破鏡《はけい》という獣《けもの》は父を殺すという。中国の*安禄《あんろく》

柿本人麻呂　原文では「人丸」。万葉集を代表する歌人。山部赤人とともに歌聖と称された。

経文　日蓮聖人は千日尼への手紙で心地観経に「世の人、子のために多くの罪をつくり、三悪道にみち、長く苦を受く」と示している。

安禄山　中国唐代の人。玄宗皇帝に寵愛されたが、反乱を起こした。「石川教張のこと

山《ざん》という人は史師明《ししめい》（正しくは安慶緒《あんけいしょ》）というわが子に殺された。源義朝《よしとも》という兵《つわもの》は為義《ためよし》という父を殺した。この事実を見ると、経文に「子は敵《かたき》」というのも理由のあることである。

また、

「子は財《たから》」

という経文がある。法華経には、妙荘厳王《みょうしょうごんのう》が外道の邪見を信じて、死んで無間《むけん》大城という地獄におちるところであったが、浄蔵《じょうぞう》という太子に救われて仏に帰依したので、地獄の苦しみを脱れただけでなく、娑羅樹王仏《しゃらじゅおうぶつ》という仏になられたと記されている。

また青提女《しょうだいにょ》という婦人は、欲深く物惜しみをした罪によって餓《が》鬼道《きどう》におちたが、目連尊者《もくれんそんじゃ》という子に助けられて餓鬼道の苦しみをのがれでられた。そういうわけだから「子は財」という経文も道理のあることである。

ば7」（本書一〇〇頁）参照。

2　母の一念

故《こ》五郎殿は、年十六で、気質から顔かたちまで人に勝《すぐ》れているうえ、男としての能力をすべて備えており、万人にほめられていたのみならず、親の心にしたがうことは水が器にしたがい、影が身にそうようであった。

それだから、家にあっては柱、道においては杖のようにたのみとし、箱のなかにある財もこの子のため、召し使う所従《＊しょじゅう》もこの子のため、自分が死んだならば、この子に荷《にな》われて野辺《＊のべ》に行こう、亡きあとのことも思い残すことはない、と深く思いさだめておられたのに、やむなく、母をあとに残して、先に亡くなられてしまった。

夢であろうか幻か、夢ならば覚《さ》めてほしい、まぼろしならば消え

所従　家来、従者。
野辺　埋葬場。または墓所、火葬場。

てほしい、と思われたであろうに、覚めもせず、消えもせず、とうとう年もかわってしまった。

いつまで待っても会えるとも思えず、せめて行きあう場所でも言いおいてくれたなら、羽《はね》はなくても天へ上がっていこう、船がなくても、たとい唐土《とうど》*であろうと渡っていこう、もし大地の底にいると聞いたなら、どうして地面を掘って会いに行かないことがあろうか、と思われていることであろう。

ところが、もっとやすやすと会わせる方法がある。釈迦仏*をお使いとして霊山浄土へ参って会われるがよい。

「この法華経を聞く者は、一人として成仏しないものはない」

といって、

「たとい大地を指《ゆび》さしてはずれることはあっても、太陽や月が地におちるようなことがあっても、潮の満ち干《ひ》かないときがあっても、

唐土　中国のこと。もろこし。

釈迦仏　わが子を失った母の悲しみに深く心をかよわせる日蓮聖人のことばにたいして、著者は「日蓮聖人は、釈迦仏・法華経の浄土に、亡き子が迎えられ再生していく姿をさし示すことによって、生者と死者

花の果が夏にならないことがあっても、南無妙法蓮華経と唱える女人が、思う子に会えないということはない」と説かれている。いそぎいそぎ、お題目を唱え、信心につとめ励みなされるがよい。恐恐謹言。

正月十三日

日　蓮　花押

上野尼御前御返事

とをつなぐ永遠なる魂の絆とその復活再生を語り示したのである」（『日蓮聖人の人間像』三二六頁）と説き明かしている。

（四）成仏まちがいなし——上野尼御前御返事

弘安四年（一二八一）十一月十五日、身延にて。日蓮聖人六十歳。故事をひきながら、法華経の信心によって、亡き父子がともに成仏していることを示したもの。真蹟断片現存。（定一八九〇）

1 蓮華《れんげ》と成仏《じょうぶつ》

白米一駄*（四斗定）、あらいイモ（洗芋）一俵お送りいただき、

「南無妙法蓮華経」

と唱《とな》え申しあげた。


一駄（四斗定） 一駄は馬一頭分の荷物のこと。近世では一駄は四〇貫または三六貫。ここでは白米が一駄分とどいた。量ると四斗（四〇升）であった、の意か。

妙法蓮華経というのは、蓮《はす》*にたとえられている。天上においては魔訶曼陀羅華《まかまんだらげ》、人間の世では桜の花、これらはめでたい花ではあるけれども、これらの花を仏が法華経のたとえとしては、あげられたことはない。

一切の花のなかで、とりわけて、この蓮の花を法華経にたとえられたことには、その理由がある。

花のなかには、あるいは前華後菓といって、花は前《さき》に咲いて、実はのちになるのもあれば、あるいは前菓後華といって、実は前《さき》になり、花はのちに咲くのもある。

あるいは一華多菓といって、花は一つで、実が多くなるのもあれば、あるいは花がたくさん咲くが、実は一つだけの多華一菓や、あるいは花は咲かないで、実のなる無華有菓など、さまざまにあるけれども、蓮華という花は、菓*（実）と花と同時なのである。

蓮　ハスの原産地はインド。蓮は万物を生成し、輪廻させる大宇宙の象徴として尊ばれ、蓮華（ハスの花）はインドの国花。

菓と花と同時　この点について著者は「信心という花をさかせると同時に成仏という実がなる法華経の徳になぞらえた……」（『信じあう人生』六一頁）と解説している。

一切経の功徳は、先に善根をなしてのちに仏になると説くのである。このようであるために、仏になれるかどうかは決まっていない。だが、法華経*というのは、それを手に取れば、その手はたちまち仏になり、それを口に唱えれば、その口がすなわち仏なのである。たとえていえば、天にある月が東の山《やま》の端《は》に出れば、そのときただちに、水に月の影が浮かぶように、また音と響きとが同時であるようなものである。

それゆえに法華経には、

「もし法を聞く者は、一人として成仏しないものはない」

と示されている。文の心は、この法華経を信じてたもつ人は百人は百人ながら、千人は千人ながら、一人も欠けず仏になるという経文である。

法華経…… これこそ「法華経への信心がただちに仏になっている姿なのであり、法華経を信じたもつことは釈尊と同体であることを示すものである……」（『信じあう人生』六一頁）と、著者は実花同時の蓮華のすばらしさを強調している。

2　父の遺言

そもそも、あなたのお手紙を拝見したところによれば、尼御前、あなたの慈父の故松野六郎左衛門入道殿の忌日《きにち》に当たっている、とあった。

「子息は多くいるから、*孝養《きょうよう》のしかたもまちまちである。けれども、必ず法華経による孝養でなければ、*謗法《ほうぼう》となるのであろうか」

ともしるされてあった。

釈迦仏の*金口《こんく》の説にいう。

「世尊の法は久しくしてのち、かならずまさに真実を説きたもう」

と。このことばを多宝如来は証明していう。

「妙法蓮華経は皆これ真実なり」

孝養　死んだ父母の霊をねんごろに弔《とむら》うこと。転じて、広く追善供養する意に用いられる。

謗法　正法（法華経）を誹謗し真実の教えを否定すること。

金口　「黄金色の口」の意、転じて釈尊の説法のこと。きんこう。

と。十方の諸仏も誓って、

「舌を＊梵天《ぼんてん》につけて証明する」

といった。

この日本より、西南の方面に向かって大海を渡ると国がある。＊漢《かん》土《ど》と名づけられている。かの国では、仏を信じて神を用《もち》いぬ人もあり、神を信じて仏を用いぬ人もいる。あるいは日本国もはじめはそれと同じであったろう。

ところが、かの国に烏龍《おりゅう》という書家がいた。漢土《かんど》第一の手蹟《しゅせき》であった。たとえば、日本国の＊小野道風《おののとうふう》・藤原行成《ふじわらのゆきなり》のような人であった。この人は、仏法を忌《い》みきらって、けっして経文は書かないという願《がん》を立てた。この人は死期が来て重病となり、いよいよ臨終《りんじゅう》というとき、子を呼んでこう遺言《ゆいごん》した。

梵天　インドのブラフマン（宇宙の真理）を神格化したもの。仏教では帝釈天と並び、仏法守護の善神の代表。日蓮聖人も経の王である法華経を守護する善神の最高神として、大梵天王（梵天）と帝釈天王を位置づけている。

漢土　中国。もろこし。唐土と同じ。

小野道風　平安中期の書家。藤原行成・藤原佐理とともに三蹟と称された。

「おまえは私の子だ。わが跡を絶やさぬよう受けつぐ者であり、また自分より勝《すぐ》れた手蹟《しゅせき》である。だが、たとえいかなる悪縁《あくえん》があろうとも、法華経を書いてはならぬ」

と。こう遺言したのち、*五根《ごこん》より泉が涌《わ》くように、血がふき出してきた。舌は八つにさけ、身体は砕《くだ》けて十方にちらばった。けれども、このありさまを見ながらこの人の一族の人びとも、*三悪道《さんあくどう》ということを知らなかったので、これが地獄に堕《お》ちる前兆《ぜんちょう》であることを知らなかった。

五根　感覚を生ずる眼・耳・鼻・舌・身の感官。五官。

三悪道　地獄（怒り）、餓鬼（貪り）、畜生（猜疑）の三つの悪の世界。

3　大王の命令

その子は遺龍《いりゅう》といった。彼もまた漢土《かんど》第一の手蹟《しゅせき》であった。親の遺言を守って、法華経を書かないという願《がん》を立てた。その当時、大王がいて司馬氏《しば》といった。仏法を信じ、ことに法華経を信仰していたから、同じことならば、わが国のなかで手蹟第一の者に、この経を書かせて持経《じきょう》としよう、というので遺龍《いりゅう》を召しだした。遺龍は、

「父の遺言でもあるから、これぱかりはお許し下さい」

といった。大王は、父の遺言ということなので、やむなくほかの手蹟を召して法華経一経を書写させた。けれども、気にいらなかったので、また遺龍を召していった。

「おまえが親の遺言というから、＊朕《ちん》はまげて経文を写させるようなことはしない。ただ八巻の題目だけを、＊勅命《ちょくめい》にしたがって書くようにせよ」。

遺龍がなんべんも辞退したいと申しあげると、王は怒って、

「おまえの父といっても、わが臣ではないか。親への不孝を恐れ

朕　天子の自称。古来中国では「わたし」の意味で一般に用いられていた。しかし、秦の始皇帝が名乗って以来、天子に限定された。

勅命　王や天皇の命令。みことのり。

て題目を書かねば、勅命にさからう罪科《つみとが》となるのだ」

といった。

　たび重なる勅命であったので、不孝はしたくないことではあるけれども、当座の責めものがれがたいことであったから、法華経の題目を書いて、王へ献上した。そして家に帰って、父の墓に向かって血の涙を流していうには、

「天子の厳命が重いことによって、亡き父の遺言をたがえて、ただいま法華経の題目を書いてまいりました。不孝の罪を犯《おか》した責めを免れることはできません」

と嘆き、三日の間墓を離れず、食を断《た》ってもはや命が絶《た》えるほどになった。

4　法華経書写の功徳

三日目の朝、五時前後の時刻頃には、すでに息は絶え、死んでしまったようになり、夢をみているごとくであった。虚空《こくう》を見ると、一人の天人がいた。*帝釈天《たいしゃくてん》を絵に書いたようであった。しかもたくさんの眷属《けんぞく》が天地にみちあふれていた。そこで遺龍は、

「いかなる人ですか」

と聞いた。するとこのような答えがあった。

「おまえは知らないのか、私は父の烏龍《おりゅう》である。私は人間であったとき、*外典《げてん》に執《とら》われ仏法を敵とし、ことに法華経を敵としたために*無間地獄《むけんじごく》に堕《お》ちた。毎日毎日、舌をぬかれること数百度に及び、死んでは生き、生きかえっては死んだ。

帝釈天　仏教を守護する神。インド神話のインドラ神が仏教に取り入れられたもの。十二天の一つで東方を守る。

外典　仏教経典(内典)以外の書籍をさす。

無間地獄　八大地獄の一つ。正法をそしったり、殺生など五逆罪を犯した者が堕ちる最下の地獄。

天を仰ぎ地に伏して嘆《なげ》いたが、いかんともしがたかった。このことを人間に告げようと思っても、知らせる便りもない。おまえが私の子として、父の遺言であるから法華経を書写しないと申したので、そのことばは炎となって、私の身を責め、剣となって天より降ってきた。

おまえの不孝は、際限のないほどであるけれども、私の遺言をたがえようとしないために、このような責め苦にあったのだから、*自《じ》業《ごう》自得《じとく》の結果であって恨《うら》むことはできないと思っていたところ、金《こん》色《じき》の仏が一体、無間地獄に出現して、

〝たとえ全世界にわたるほど、善を断じた罪ある衆生がいようとも、一たび法華経を聞けば、*菩提《ぼだい》をうることはたしかなことである〟

と述べられた。この仏が無間地獄にお入りになられると、大水を大火のなかにかけたように、少し苦しみがやんだので、私は合掌して

自業自得　自分自身の善悪の行為（業）の報いをみずから受けること。

菩提　悟りの境地。煩悩を断じ、真理を体得した悟り。

仏に、

〝なんという仏さまですか〟

とお聞きした。すると仏は答えられて、

〝われは、汝の子息遺龍がいま書いたところの、法華経の題目六十四字の内の妙の一字なり〟

と仰せられた。法華経八巻の題目は、八八六十四《はっぱろくじゅうし》（法華経八巻と法華経八巻の題）の仏、六十四の満月となられて、無間地獄の大きな闇をたちまち大いなる光明に照らしたうえ、無間地獄は「*当位即《とういそく》妙《みょう》不改本位《ふがいほんい》」といって、その地獄の所はそのままに常寂光《じょうじゃっこう》の仏の都となった。そこで、私やほかの罪人は、皆蓮の上の仏となって、ただいま*都率《とそつ》の内院《ないいん》へ参上《さんだい》することになったことを、まずおまえに告げたのである」

遺龍はいった。

当位即妙不改本位　著者は『風の峯』のなかで、「今を生きている現実の凡夫の身は、本来は仏の身であるから、法華経を信じれば、迷う凡夫の位を改めずに、そのまま仏の位になるという意味である。これが、法華経の心なのだ、と日蓮聖人は語っていた」（二二二頁）と示し、その場に応じて機転をきかせるという「当意即妙」の本来の用法を、日蓮聖人のことばとして紹介し

「たしかにわが手で書きました。それでどうして父君が助かることになったのでしょうか。しかも私は心から書いたのではありません。それなのにどうしてですか、なぜなのですか」

父は答えていった。

「おまえはわからぬことをいうものだ。おまえの手は、わが手である。おまえの身はわが身である。おまえの書いた字は、私が書いた字である。

おまえ自身は、心から法華経を信じていないにもかかわらず、手でそれを書いたことによって、こうして父は助かった。ちょうど、子どもの火遊びが、なにかを焼く気がないのに、火そのものは物を焼くようなものだ。法華経もまたこれと同じである。

知らず知らずに信じたということによって、必ず仏になるのだ。さらにこれからもまた、よくその内容を知って、けっして謗《そし》ること

ている。

都率の内院　都率《とそつ》は兜率天《とそつてん》のこと。欲界の六天（四《し》王《おう》、忉利《とうり》、夜摩《やま》、兜率《とそつ》、化楽《けらく》、他化《たけ》自在《じざい》）の第四位で内外二院がある。内院は将来仏になるべき菩薩が住むところ。

があってはならぬ。ただし、在家の身であるから、いままで言ってきたことは、ことさらに大罪ではあるけれども、そのわけを知ったからには懺悔《さんげ》しやすいであろう」

遺龍は、このことを大王に申しあげた。大王は、

「わが願い、すでにしるしがあった」

といって、いよいよ遺龍は大王から恩をこうむり、国もまたこぞってこの法華経を信仰するようになった、という。

5　法華経の信心と成仏

ところで、故五郎殿と故入道殿とは、尼御前、あなたの子であり父である。尼御前は、かの亡《な》き入道殿のむすめである。法華経の信心によって、いまこそ亡き入道殿は都率《とそつ》の内院《ないいん》へ参られたであ

ろう。この手紙を伯耆《ほうき》どの*（日興）に読ませてお聞きなされるがよい。早急のことであるから、くわしくは申しあげられないが。恐恐謹言。

十一月十五日

日　蓮　花押

上野尼御前御返事

伯耆どの　日蓮門下六老僧の一人。現在の本門宗や日蓮正宗の源流である興門派の祖。伯耆阿闍梨《あじゃり》と称する。

（五）母の嘆きを伝える約束――上野殿母御前御返事

弘安四年（一二八一）十二月八日、日蓮聖人六十歳、身延にて述作。尼御前の供養に感謝し、日蓮聖人みずから春以来病気の由《よし》を述べつつ、亡《な》き子息にまみえたならば、母の嘆きを伝えようと、尼御前を慰めたもの。真蹟現存。（定一八九六）

1　年もとり、病気も重い

上等の米一駄、清酒一筒、二十ひさげ（酒を盃に注ぐための弦《つる》のある器）二十、かつ香*一紙袋お送りいただき、ありがたく頂戴《ちょうだい》した。

かつ香　香料。薬に用いた。

この身延の山のありさまは、これまでたびたび申しあげたとおりである。さる文永*十一年六月十七日、この身延の山に入り、今年弘安四年十二月八日にいたるまで、この山を一歩も出ていない。ただしこの八年の間、やせ病《やまい》にかかり、年もとり、年々に身体も弱くなり、心も老《おい》ぼれ、ことに今年の春からは、この病気がおこり、秋が過ぎ冬になってからも、日々に身体が衰え、夜々病気も重くなる一方で、この十日あまりは食事もろくろく通らないうえに、大雪が重なり、寒さにせめられている。

身体の冷えることは、石のようである。

胸の冷たいことは、氷のようである。

こういうときにこの酒を温かくわかし、かつ香の葉をパッと食い切って、キューッといっぺんに飲むと、胸のなかで火を焚《た》いたようであり、湯にでも入ったようである。

文永十一年　日蓮聖人五十三歳のときであった。著者はそのときのようすを『日蓮聖人の生涯』のなかで「文永《ぶんえい》十一年六月十七日、日蓮聖人は波木井実長らの労力でできあがった三間四面の庵室に住みはじめた。この日が、身延庵室の草創の日である。これを、のちに身延開《みのぶかい》闢《びゃく》という」（第弐巻、三五三頁）と記述している。

汗で身体の垢《あか》も洗い落とされ、滴《しずく》で足も濯《そそ》がれる。

２　無常と同悲の心

このお酒を送ってくれた厚いお志《こころざし》に、しみじみ打たれ、たいそううれしく思ったところ、ふと思い出して、両眼より一つの涙がこぼれた。

「本当だろうか、まことであろうか」

と去年の九月五日、故《こ》五郎殿が亡《な》くなられたときに思い、そののちとはどうなされたかと胸もうち騒ぎ、心も安らかではなかった。

指折り数えてみれば、すでに二年にもなり、十六カ月、四百余日が過《す》ぎた。その間には、母親のことであるから亡き子息から何か便りがあり、訪れてくることもあったであろうが、どんな気持ちで聞かれたであろうか。

降り雪もまた冬になれば降り、散りし花も春の訪れとともに咲く。どうして無常の風に消えた人ばかりは、再びこの世に帰ってこないのだろう。ああうらめしいことである。うらめしいことである。他人でさえも、

「よき冠者《かんじゃ》かな、若者かな、玉のような男かな、男かな」

とほめられていたのであるから、まして親の身として、どんなにか嬉《うれ》しいことであったろう、と思っていたのに、満月に雲がかかり、晴れずして山に入り、いまを盛りに咲いていた花が、にわかに風に吹かれて散ってしまったように、ご子息が亡《な》くなられたことは、誠に痛ましく、あさましいと思わずにはいられない。

日蓮は病気のために、ほかの人びととの手紙にも返事を書かないでいたが、このことはあまりに嘆かわしいことであるから、筆をとっ

てこの文をしたためた。

こう申す日蓮も、*もはや久しくはこの世におらぬであろう。そうすれば、きっと必ず五郎殿に行き会うと思う。もし母であるあなたより先に会ったならば、母の嘆きを申し伝えるであろう。いろいろなことはまたまた申しあげたい。恐恐謹言。

十二月八日　　　　　　日　蓮　花押

上野殿母御前御返事

もはや…… 日蓮聖人はこの手紙をしたためた十カ月後の翌弘安五年十月十三日に入滅している。

解説　母の悲哀と日蓮聖人の約束

1　子を亡くした母への救いの手紙

親と子の別れは、夫婦の別離とはまた質《しつ》を異《こと》にした悲しみと痛苦《つうく》をいだかせるものである。

老《お》いた親が先立つ場合は、子にとって悲嘆を感じることであるが、それはまだ人の世の順序と思いなぐさめることもできる。しかし、若い子が*死出《しで》の旅《たび》におもむき、老いた父母がとどまる場合、その非情さ、無念さはひとしおのものがある。

死出の旅　死出の山におもむくこと。死ぬこと。死出の山は死後七日目にいたる険しい山。俗に「三途の川を渡り、死出の山を越える」という。

日蓮聖人の信徒のうち、わが子と別れねばならなかった母の姿を代表的に語っているのが、上野殿《うえのどの》後家尼《ごけあま》と光日尼《こうにちあま》という二人の母にたいする手紙である。ここにあげた上野殿後家尼への手紙は、父母兄弟にも、夫とも死別した後家尼が、さらにわが子の死に見舞われた直後に、日蓮聖人によって書きつづられたものである。

後家尼《ごけあま》の夫*南条兵衛七郎《なんじょうひょうえしちろう》は、幕府に仕《つか》えながら日蓮聖人とめぐりあうことによって、法華経信仰に人生をまっとうした人で、駿河国《するがのくに》（静岡県）富士郡上野郷に住んでいたところから、上野殿とも称された。子には、亡父の跡を継承して、日蓮聖人にたいする法華経の奉公を貫いた七郎次郎時光《ときみつ》がおり、その弟に七郎五郎がいた。

この七郎五郎が、まさに突如、死去したのである。わずか十六歳

であった。この知らせをうけた日蓮聖人は、翌日、

「まことに亡《な》くなられたとも思えない」

と、驚きの気持ちをかくそうともせず、七郎五郎の死を悼《いた》みつつ、母の悲嘆に心をあわせる。

「そのときにあたってみると夢か幻のように思われ、いまだに世の常であることを分別できない」

と日蓮聖人はただひたすらに、死の悲しみに身も心もおいている。人のさだめであるとか、死ぬものだ、とかいって片づけてはいない。悟りすましていない。死は世の習《なら》い、という人生の理《ことわり》が、死を眼前《がんぜん》にしたとき、信じられぬほどの驚きと悲哀《ひあい》をもたらすものであることを、日蓮聖人は率直《そっちょく》に語っている。

「母親であるあなたには、どんなにかお嘆きのことであろう」

ということばの背後にも、たんなる慰めであるよりは、母の心のひ

同悲の念　心を合わせる同悲のたいせつさを強調する著者は「亡くなった人の悲しみを心の中に持ち、遺族の悲しみをも受けとめて、同じ悲しみの土俵に立ち、共に悲しみを分かち合うことが非常に大切です」(『法華職業別歎徳文集1』一四五頁)と説く。

だを見つめ、心を合わせた同悲《どうひ》*の念がある。

2　母の悲哀と日蓮聖人の慟哭《どうこく》

四十九日忌にあたって、母の忍びがたい悲しみに思いをこめ、十六カ月、四百余日すぎてなお、

「ふと思い出して、両眼より一つの涙がこぼれた。本当だろうか、まことであろうか」

と日蓮聖人は書きつづけているのである。病気*のため、筆をとることの不自由さをおしてまで、この母に手紙を送っている。母の悲哀の心は、日蓮聖人にとっても慟哭《どうこく》の心であったと思われる。

日蓮聖人は、亡き七郎五郎の人となりや立派な青年であった姿を

病気　日蓮聖人が初めて発病したのは五十六歳のとき。はらのけ（下痢）であった。医術に巧みな四条金吾の施薬で回復。しかし「弘安四年

思い起こしているが、同時に、いまはもう見ることもできなくなったわが子の思いにふける、母の気持ちをも映《うつ》し出している。

夫が死去したとき、七郎五郎はこの母のお腹《なか》にいた。この子がいなかったら、火にも水にも入りたいと思ったのに、この子が無事に生まれたことを心の慰めとして、十四、五年を生きてきた。この子を杖柱《つえはしら》のようにたのしみとし、箱の財《たから》もこの子のためと思い、自分が死んだならば、二人の男の子に見まもられ、荷《にな》われて墓所に行くことを本望《ほんもう》としていたのに。

まして、七郎五郎は男の子であるうえに、気質から顔かたちまで人に勝《すぐ》れ、万事《ばんじ》に通じ、心の優《やさ》しい人であった。人にもほめられ、親の身としてどんなにか嬉《うれ》しく思ったことであろう。くわえて親の心にしたがうことは、水が器《うつわ》にしたがい、影が身にそうようであった。若くして親のごとく法華経の信心に励んでもいた。念仏をとな

（一二八一）正月から、はらのけが激発した。稀にみる大雪が降って、寒気が全身に染みわたり、食物はほとんど喉を通らず、〝身の冷えること石のごとし、胸のつめたきこと氷のごとし〟という病状になった」（『精読・仏教の言葉　日蓮』一〇六頁）。

える人の多い世なのに、七郎五郎はそれらの人には似ても似つかず、幼いときから賢父の跡を追い、

「南無妙法蓮華経」

と唱えてきた。それなのに、老いた母は残って若き子は去っていった。夢ならば覚《さ》めてほしい、幻《まぼろし》ならば消えてほしいと思われたであろう。しかし、覚《さ》めも消えもせず、年をすぎてしまった。せめて行きあう場所でも言いおいてくれたなら、羽《はね》はなくても天へ上《のぼ》り、船がなくても海を渡り、大地の底にいるなら、どうして地面を掘って会いに行かぬことがあろうか。

「満月に雲がかかり、晴れずして山に入り、いまを盛りに咲いていた花が、にわかに風に吹かれて散ってしまった」

「つぼみの花が風のためにもろくも萎《しぼ》み、満月が雲のなかに急に

隠《かく》れて失《うしな》われたようだ」

「あわれなり、あわれなり」

わが子を失った母の心が目《ま》の当《あ》たりに流露《りゅうろ》されているといえよう。このように日蓮聖人が思い、母が思いをこめるとき、七郎五郎のいのちは生きつづけているというべきであろう。七郎五郎のおもかげや志《こころざし》は、たしかに、いのちそのものとして日蓮聖人と母のうちにとどめおかれている。

ところで、このうち最初の手紙は、こうした同悲の情をこめながら書きおえている。たしかに、

「九月六日、上野殿御返事」

と書かれ、花押《かおう》*をしたためたのだが、日蓮聖人の眼は、七郎五郎が霊山浄土《りょうぜんじょうど》へ往《ゆ》く姿をみてとったにちがいない。若くして父の跡を

花押　署名の下に書く判。書判《かきはん》ともいう。

つぎ法華経を信心した七郎五郎の見事な臨終と、霊山浄土において必ず父に会うことを確信していたのであろう。それが「追伸」である。

七郎五郎は題目を唱えて仏となられた。

「この法華経を聞く者は、一人として成仏しないものはない」とはこのことだと示す。尊い法華経を信心した七郎五郎に、霊山浄土に集まった一切の諸仏が、あるいは手をさしのべ、頭をなで、いだき、喜び、どんなにか愛されているであろう、と四十九日忌のおりの手紙にも説いている。亡き父とも手をとり、顔を合わせて悦《よろこ》ばれているのは疑いない、ともいう。

3　日蓮聖人の誓願と約束

日蓮聖人がさし示した世界は、この世で法華経を信ずる、その人生によって、釈迦仏・法華経の世界に死後も迎えられ、再生していく姿であった。それは、実《み》と花《はな》が同時という蓮華のごとく、法華経を信ずることがそのまま*三世《さんぜ》の救いとなる、という確信にもとづいていた。

法華経のもつ功徳や法華経が一切経に勝れるという尊さ、そして、釈迦仏をはじめとする諸仏等が〈輪陀王《りんだおう》と白馬と白鳥〉の故事のように、父母であり食とする法華経を守護しているという功徳のありがたさが、法華経の信心に存在し、信ずる人のいのちともなると強調したのである。

三世　過去・現在・未来。また前世・現世・後世（来世）のこと。

亡き子が霊山浄土に参り、仏が来迎参集《らいごうさんしゅう》して称讃する姿は、法華経の行者として亡き子を救済しようとする日蓮聖人に、まざまざと観《み》えていたものであったのであろう。

法華経をいのちとして悔《く》いなき人生を貫き、そこに死処を求めるとき、仏と一つ所に住する永遠のいのちがあり、それをめざしていくことに人間の生まれ変わりというものがある、ということである。

亡き子が示したあかしを、日蓮聖人は母にさし示したのである。そして、子に会いたい、もし会えるなら火のなかにも入ろうと切なく願う母の心が、亡き子に通じることをも示している。子を思う母の一念によって、釈迦仏を使いとして法華経信仰を歩むことが、亡き夫、亡き子とともに再会しうる道に確実につながっていることを説いて、日蓮聖人は母に向かって信心をすすめたのである。

「こう申す日蓮も、もはや久しくはこの世におらぬであろう。そうすれば、きっと必ず（霊山浄土で）五郎殿に行き会うと思う。もし母であるあなたより先に会ったならば、母の嘆きを申し伝えるであろう」

とのべたことばは、師としての、あるいは仏の使い*としての、日蓮聖人の誓願と約束を披瀝《ひれき》したものである。それは、この母にとっては、何ものにもかえがたい救いのことばとして聴きとり、信心の世界に身をおいていく支えともなりえたにちがいない。

親と子のきずなは、死んだから切れる、というものではない。そのきずなのたしかさは法華経の大綱《おおづな》に結ばれることによって、永遠に結びあっているというのであろう。しかも、信仰に導いた子、その子を思いこがれる母の一念が、やがて再会につながる留魂《りゅうこん》の精神となることをも説いているのである。

仏の使い　如来の使いのこと。著者は誓願との関係を示しつつ「釈尊の誓願を実行する者としての菩薩の誓願が、法華経でしばしば語られており、その誓願の実行者こそ〝如来の使い〟である……」（『信じあう人生』三七頁）と解説している。

石川教張*のことば【1】

生死夢幻《しょうじむげん》（幼児《おさなご》の死）

人*は生まれて死するならい
老いたる者も
若き者も
智者《ちしゃ》も愚者《ぐしゃ》も
一同に知ることなれば
はじめて嘆《なげ》くべし、驚くべしとは思えず。

石川教張のことば　本文下段の注記にあたり、数多い著書のなかから著者自身のことばを選び、つとめて簡潔に注記してきたが、スペースの関係で舌足らずのきらいを生じたので、著者のことばそのものをここに収録した。

人は生まれて……　本書所収の上野殿後家尼御前書と光日尼御書をもと

ああ、しかるに、今このときにあたりて
夢か幻《まぼろし》か、いまだ、わきまえがたし。
まことか、まことか
つぼみの花の、風にふかれてしぼみ
満月のにわかに、失《う》せたるに似たり。
老いたる親はとどまりて
若き子は去る
なさけなき無常かな、無常かな。
降りし雪もまた冬に降り
散りし花も春の訪《おとず》れとともに咲く
なにゆえに人の命ばかり
去ってふたたび帰らざる。

に、著者がまとめたもの（『日蓮聖人ご妙判　引導文聖語集』八―九頁）。

無常はつねの習いなれども
このことを聞く人すら、なお忍《しの》びがたし。
まして、父となり母となる人においてをや。
なにゆえに、わが子の身に変わって
先に立たせざる。
いまいちど、わが子の声を聞けるならば
火にも水にも入《い》り
頭《こうべ》をわりてもおしからずとは
嘆きし親の心なるべし。

石川教張のことば【2】

つぼみの花　（子どもの死をいたみて）

*人間に生《せい》をうけたる者
うれいなき人はなけれども
友との別れ
夫婦の別れ
いずれも、嘆き浅からざることわりなり。
なれども
親子の別れこそ

人間に生を……　本書所収の上野殿母尼御前御返事をもとに著者がまとめたもの（『日蓮聖人ご妙判　引導文聖語集』九一一〇頁）。

忍びがたき嘆きはなし。
親子の別れにも
親はゆきて子のとどまるは
同じ無常なれども、人の世の次第なり。
親はとどまりて、若き子のさきに立つほど
なさけなきことはなし。
咲いた花は散らずして、つぼみの花の枯れ
満月に雲のかかりて
晴れずして山に入るがごとし。

石川教張のことば【3】

*シャボン玉の歌

つい*最近、私は詩人野口雨情《のぐちうじょう》の生まれ故郷の日立（茨城県）に行きました。

「シャボン玉の歌」というのがありますね。「シャボン玉飛んだ、屋根まで飛んだ」というシャボン玉の歌です。

シャボン玉飛んだ、屋根まで飛んだ。
屋根まで飛んで、壊《こわ》れて消えた。

シャボン玉の歌　著者が平成十年六月二十九日に講義したもの（『法華職業別　歎徳文集1』一〇七―一〇八頁）。

最近　平成十年頃と思われる。

シャボン玉消えた、飛ばずに消えた。
生まれてすぐに、壊《こわ》れて消えた。

風、風　吹くな
シャボン玉　飛ばそ

というシャボン玉の童謡ですね。シャボン玉がぐっと屋根の上にあがって消えちゃったという、それだけの歌なんだと私はずっと思っておりました。

ところが、このシャボン玉の歌をなぜ、野口雨情*が作ったかといいますと、野口雨情の子どもが生まれてわずか八日目に亡《な》くな

野口雨情　大正中期の民謡・童謡作家。代表作に「波浮の港」「十五夜お月さん」「証城寺の狸囃子」などがある。一八八二―一九四五。

りました。小さい命がこの世に誕生して、わずか八日目に消えてしまいました。その別れの、つらさ悲しみというものを野口雨情はずっと心のなかに抱きつづけていて、そうしてこのシャボン玉の歌を作ったというんです。そういう背景、心の内というものを知ったうえで、

シャボン玉飛んだ、屋根まで飛んだ。
屋根まで飛んで、壊れて消えた。

というこの童謡が作られたんだと思いますと、まさにこのシャボン玉の歌は野口雨情が可愛いわが子を亡《な》くした思いを込めて読みあげた、*回向《えこう》の歌《うた》ではないかと思います。

回向　著者は回向について「回向とは、仏の教えを信じ、仏法に導かれて積んだ善根功徳を、あらゆる生者、死者にささげることである」（『法華回向文抄解説篇』一三頁）と説き、回向の目的が成仏にあることを示す（同一四頁）。

石川教張のことば【4】

心すなおにして*

聖霊《しょうりょう》、年若くして
姿形《すがたかたち》人にすぐれ
心すなおにして、万人《ばんにん》にほめられ
家にて柱となり
親の心にしたがうこと
水のうつわものにしたがい
影の身にそうがごとし。

心すなお……　本書所収の上野殿後家尼御前御書と光日尼御書をもとに、著者がまとめたもの（『日蓮聖人ご妙判　引導文聖語集』八―九頁）。

霊山浄土　著者は「日蓮は、この

朝夕
南無妙法蓮華経と声もおしまず唱え
供養のこころざしをささぐ。
法華経は蓮華にたとう。
花と実《このみ》の同時なるがゆえなり
聖霊、まさに信心の花ひらき、成仏の実《このみ》なりて
常住不壊《じょうじゅうふえ》の*霊山浄土《りょうぜんじょうど》へ　すみやかに参るなり。
釈迦仏ならびに三世十方の諸仏
久遠《くおん》に聖霊を守り給うべし。
南無妙法蓮華経

山（霊鷲山）で法華経が説かれ、普遍的で永遠なる救いが明かされたことに重大な意義を認め、釈尊の信仰世界の全体を称して、「霊山浄土《りょうぜんじょうど》」と呼んだ。……日蓮は法華経を受持すれば、時々刻々に、生きている間にも、また死んだ後にも霊山浄土に往って本仏釈尊に参詣できると説いたのである」（『精読・仏教の言葉　日蓮』一七六頁）と示している。

石川教張のことば【5】

法華経の種*

日蓮聖人曰《いわ》く
「この法華経を聞く者は
ひとりとして、成仏せぬ者はなし」。
大地を指《さ》して、はずれるとも
日月《にちがつ》、地におちることありとも
釈迦仏、法華経の信心に身を入れ
南無妙法蓮華経と唱える人の

法華経の種　著者が本書所収の上野殿母尼御前御返事（二一一頁）をもとにまとめたもの（『日蓮聖人ご妙判 引導文聖語集』二一四―二一五頁）。

仏にならざることなし。
一つ種《たね》は一つ種
同じ妙法蓮華経の種《たね》なれば
同じく妙法蓮華経の国に生まれかわらん。
南無法蓮華経と唱える父母の
思う子に会えぬことはなし。
鳥は木に住む、ゆえに木を財《たから》とす。
魚は水に住む、ゆえに水を財《たから》となす。
仏《ほとけ》は法華経に住みたもう
ゆえに法華経を命《いのち》とす。
聖霊《しょうりょう》、法華経の信心深きゆえに
久遠《くおん》にわたりて法華経に住み給う。

法華経は手に取れば
その手たちまち仏となる。
口に唱《とな》えれば、その口すなわち仏なり。
聖霊、法華経の功徳によりて
決定《けつじょう》して霊山浄土《りょうぜんじょうど》に参る。
いっさいの諸仏
〔先祖代々の聖霊〕集まりて
手をとり
頭をなで
身を抱きて
聖霊を
釈迦仏・法華経の浄土に引導したもう。

石川教張のことば【6】

お題目のすすめ

日蓮聖人へ*

年も変わり、弘安四年になりました。正月を迎えても、まだ去年が続いているように感じます。亡《な》きわが子の顔が、姿が瞼《まぶた》に浮かび、胸をよぎって仕方がありません。

散った花も咲くのに、どうして亡き子は帰ってこないのかと思いながら、法華経を毎日読みつづけております。

日蓮聖人へ 上野殿後家尼との往復書簡（『女人法華』一七一―一七三頁）。日蓮聖人の上野殿後家尼への手紙は今に伝えられているが、後家尼の手紙は残されていない。しかし身延山の寒

後家尼へ

夢ならば消えてほしいと思われていたのに、消えもせずに、とうとう年も変わってしまいました。

いつまで待っても会《あ》えず、せめて行き会《あ》う場所でも言い置いてくれたなら、羽《はね》はなくても飛んで行こう、船がなくても渡《わた》って行こう、大地の底にいるなら地面を掘っても会いに行こうと思っていることでしょう。

しかし、もっとやすやすと会える方法があります。釈迦仏をお使いとして、霊山浄土《りょうぜんじょうど》に参れば会えるのです。

太陽が地に落ちることがあっても、お題目を唱える女性が思う子に会えないことはないのです。どうかお題目を唱え信心に励んで下さいますように。

さに苦しむ日蓮聖人のもとに、供養の品を無言のまま届けたとは思えない。きっと心をこめた書状や伝言が添えられていたにちがいない。著者は「日蓮聖人と出会い、縁《えにし》を結んだ女人たちの心象風景を書き綴ったもの」（『女人法華』一頁）として、後家尼御前との往復書簡をまとめている。

日蓮聖人へ

白米・清酒、かつ香《こう》（薬草）をお送りします。冬の山中を思い、また故五郎の菩提のためにお納め下さいませ。

もう一周忌もすぎました。

法華経を口に唱えればその口が仏である、との仰せをありがたくいただき、日々夜々に読みつづけ、唱《とな》えておりますと、亡《な》き子の声と重なりあい、亡《な》き夫と子と私の三人が、一緒に法華経のなかにいるように感じております。

後家尼へ

この十日余り、身*は弱り、食物も喉を通らず、雪のなかで体も

身は弱り……「これまで、日々の論議、月々の難、二度の流罪に

石のように冷え切っていました。

あなたからいただいた酒を温めて飲み、薬草のかつ香《こう》をぱっと食い切って、ぐいと飲みほしたところ、胸の中は火のように燃え、湯に入ったように汗で体も洗われました。

その時、ふと涙がこぼれました。

指折り数えれば、すでに十六カ月、四百余日が過ぎました……雪は消えてもまた降るのに、（故五郎殿は）どうして戻ってこないのか、なぜ無常の風に吹かれて散ってしまったのか、まことにうらめしく思っております。

私は病気のために、他の人に返事を書かないでおりましたが、このことはあまりに嘆かわしいので筆をとりました。


より身は疲れ、心を痛めてきた。この七、八年というもの、はらのけがおこり、衰病《すいびょう》は年ごとにすすんだ。齢《よわい》も、すでに六十になった。老病も加わっている。ことに正月からは、はらのけがしきりに激発し、不食気になった。食べられず、食べる気さえなくなった。体の衰弱が、いっそう目立つようになった」（『人間日蓮』下三一九頁）。

こう申す日蓮も、もはやそう長くこの世に*いないでしょう。そうすれば、きっと故五郎殿に行き会うと思います。もしあなたより先に、（故五郎殿に）会ったならば、母の嘆きを申し伝えたいと思います。そして、母であるあなたが、子を思い、会いたいと切なく思いつつ法華経の信心に励んでいることを申しきかせたいと念じております。

この世に…… 日蓮聖人はこの翌年、弘安五年九月に身延を下山し、十月十三日に入滅された。

石川教張のことば【7】

策謀*の人安禄山、唐に反乱をおこす

安禄山《あんろくざん》（七〇五—七五七）は、唐の玄宗《げんそう》皇帝に信任されたが、皇帝の位を奪おうとして権謀術策《けんぼうじゅっさく》*をめぐらし、一時は大燕聖武《だいえんせいむ》皇帝と称したものの、次男の安慶緒《あんけいちょ》に斬られて非業《ひごう》の最期をとげた人物として名高い。

かれは、イラン系の父とトルコ系の母より生まれた混血の胡人《こじん》であった。体重は実に三百キロ、腹のぜい肉が膝まで垂れ下がっていたほどの巨体であったという。語学にすぐれ武力は強く、雑《ざっ》

策謀の……　『日蓮聖人のものがたり世界　中国篇』二一五—二一九頁）。

権謀術策　巧みに人をあざむくはかりごと。権謀術数。

胡《こ》とさげすむ唐人を見かえそうとする自負心《じふしん》と野望を持つ容貌魁偉《*ようぼうかいい》な策略家でもあった。

唐の北辺鎮撫軍《ちんぶぐん》の副官から指揮官へ出世した安禄山は、派遣されてきた中央の高官たちに引き出物を贈り厚くもてなした。玄宗にたいしては莫大な貢物をささげて歓心《かんしん》をかい、側近にも賄賂《わいろ》を贈って懐柔《かいじゅう》した。玄宗は、かれの忠誠を歓び饗宴をたびたび催《もよお》した。玄宗が、

「そちの巨腹《きょふく》にいったい何が入っているのか」

と冗談を言った折、安禄山が、

「陛下への赤心《*せきしん》でいっぱいです」

と答えた話は有名だ。腹に一物《いちもつ》もないというわけである。また饗宴では、〈胡旋女《こせんじょ》、胡旋女、心は弦に応じ、手は鼓に応ず〉と歌

容貌魁偉　顔や体が人並みはずれて大きく立派な様子。

赤心　いつわりのない心。まごころ。

いつつ胡旋舞《こせんぶ》を巧みに舞ったのも、腹に*二心《ふたごころ》がないフリを見せるためであった。ご満悦の玄宗が、側近の権力者楊《よう》氏一族と義兄弟の契りを結ばせると、禄山は玄宗に楊貴妃《ようきひ》を養母と仰ぎたいと頼みこんだ。この美女と怪人の奇妙な養母子関係が誕生したのは七四七年、禄山四十五歳の時である。こうして禄山は、従順で憎めない男と見られることに成功したのである。

いよいよチャンス到来。禄山は、玄宗に寵愛された楊貴妃の力で権勢をきわめていた楊氏一族の頭・楊国忠《ようこくちゅう》を討てという玄宗のニセの密書を作り、子の安慶緒と盟友の史思明《ししめい》とかたらって、ついに唐への反乱にのり出す。世に*安史《あんし》の乱《らん》という。

七五五年、約十五万の安禄山軍はなだれをうって進撃した。*白《はく》楽天《らくてん》が、

二心　裏切りの心。味方や主君にそむく心。

安史の乱　七五五—七六三年。安禄山父子と史思明父子の名を取って安史の乱という。

白楽天　白居易。中唐の詩人。七七二—八四六。著者は「白楽天は、仏教信仰にもとづきながら諫臣の立場を貫き」、「中央の官位を奪われて、地方に追放された……」、

「漁陽《ぎょよう》の兵鼓《へいこ》、地を動《どよも》して来る」

と詠んだように、破竹の勢いで黄河を渡り洛陽《らくよう》を攻め落とした。怒った玄宗が長子安慶宗《あんけいそう》を斬ったことを聞いて、禄山が、

「わしに罪科があるからといって、罪なき子をなぜ殺すのか」

と涙を流したのは、かれも父の情にせまられたからであろう。


翌年、ついに禄山は大燕聖武《だいえんせいむ》皇帝と称した。こののち、禄山と史思明の軍は、書の名人として有名な顔真卿《がんしんけい》ら唐の武将の奮戦で一進一退をくりかえしたが、唐軍は次第に敗退し玄宗は首都長安から秘かに逃げ出した。長安の西方の馬塊《ばかい》に来たとき、唐軍の混乱と不満を抑えようとした将軍陳元礼《ちんげんれい》は、専横をほしいままにしていた楊国忠《ようこくちゅう》を殺し、楊貴妃の姉二人も屍《しかばね》となった。美貌《びぼう》をう

「日蓮聖人は、この諫言によって受難者になった白楽天を〝法華経の行者ならざるか〟（開目抄）とさえ述べている」と指摘している。（『日蓮聖人大事典』六九〇頁）。さらに「日蓮聖人は、白楽天の諫詞『新楽府』を胸に抱きながら、立正安国論を為政者に進覧した」と記している（同書六九二頁）。

たわれた楊貴妃も、

「死んでも恨みはございませぬ。どうか仏さまをおがませてくださいませ」

と涙を流し、玄宗の、

「妃よ、極楽に往生するのだぞ」

という声を合図に側近の高力士《こうりきし》の手で首をしめられた。(中略)

さて安禄山は、洛陽に入った頃から眼病をわずらい視力が衰え、悪性の腫瘍《しゅよう》にかかった。おまけに狂暴さを増し意にそわぬ者はムチでなぐり刀で斬殺《ざんさつ》したので、部下はみな反感を抱くようになった。

しかも安禄山の次男安慶緒は、異母弟の安慶思《あんけいし》を跡継ぎにし

ようとする父に不信感をつのらせるに至った。安慶緒は、

「大義、親を滅すという諺をご存知ですか。あなたこそ皇帝になるべき方ですぞ」

という近臣厳荘《げんそう》の甘言に動かされた。安慶緒は暗愚ではあったが野心は人一倍強かった。かれは、厳荘らと寝室にいる父を襲い、その巨腹に斬りつけた。遂に安禄山は、血だまりの中で五十五歳の一生を終えた。安禄山は権謀術策をあやつった策士であったが、実子に殺されたのはまことに非業《ひごう》の最期《さいご》というほかはない。

安禄山の死は波紋をひろげた。まず禄山と水魚《すいぎょ》の交《まじ》わり*を結んでいた史思明が独立政権をうち立てようと行動をおこした。唐軍も勢力を盛りかえして反撃を加えた。禄山軍の将兵が唐軍に寝がえった。史思明は十三万の大軍をひきいて唐軍を破ったう

水魚の交わり　魚と水のような親密で離れがたい関係。著者は水魚の交わりについて、日蓮聖人の「総

え、七五九年には安慶緒を殺してみずから燕王《えんおう》と号した。

ところが、洛陽に都をおいた史思明も横暴なふるまいが目立ち部下が離反するようになった。しかも禄山同様、かれも実子の長男史朝義《しちょうぎ》よりも庶子の史朝清《しちょうせい》を後継者にしようとしたのである。このため、部下に信望のあった史朝義は、七六一年に部将に命じて父史思明を幽閉したあげく、縊殺《いさつ》したのであった。

その史朝義も、唐軍の攻撃をうけて洛陽を棄て*范陽《はんよう》に逃げ戻ったところを、唐軍に寝がえった部将に襲われてみずから命を断った。七六二年のことである。この年、唐の玄宗皇帝も七十八歳で寂しくこの世を去っている。

かくて、権勢《けんせい》をほしいままにした英雄という名の野心家たちは、策謀と裏切りと戦乱の果てに死んでいった。国破れて山河あ

じて日蓮が弟子檀那等、自他彼此の心なく、水魚の思いをなして……」（生死一大事血脈抄）を取りあげ、「法華経は水であり日蓮一門は魚である。師日蓮は水であり、弟子信徒はその水によって活かされる魚であった」（『日蓮聖人大事典』七〇一頁）と解説している。

范陽　昔の郡、県名。今の河北省涿《たく》県《けん》の地。「史思明

り、ということか。安禄山と玄宗と楊貴妃、安禄山と安慶緒、史思明と史朝義。その織りなす人間模様に残されたものは、栄達《えいたつ》と美のはかなさであり、子に殺された親の哀れさであった。

日蓮聖人は語っている。

「安禄山は養母楊貴妃を殺した。安慶緒という子は父の安禄山を殺した。安慶緒は史思明に殺された。史思明は子の史朝義に殺された。子*はかたきというのは、このようなことをいうのである」（千日尼御返事）

今の世ではどうであろうか。親にとって子はかたきになっているのだろうか。それとも子は財《たから》となりえているだろうか。子にとっても、親のかたきになるか、子にすぎる財《たから》なしといわれるようになるかが、いままさに問われているにちがいない。

は大燕皇帝と称し、元号を順天と定めた。そして范陽を燕京《えんけい》と改名したのである」（『小説十八史略（下）』陳舜臣著二四七頁）。

子はかたき　日蓮聖人はこの千日尼御返事のほかに「子は敵」の例として、安禄山が織りなした人間模様にくりかえし言及している。

石川教張のことば【8】

同悲の心

*霊山浄土《りょうぜんじょうど》――この世の救い主である釈尊と釈尊の説きあらわした真実の教えである法華経の浄らかな仏国土には、光りかがやく宝塔が西向きにそびえ立ち、法華経を信ずるあらゆる者たちがならび座している。法華経を信ずる者は、この浄土におもむき東向きにすわって宝塔のうちにある釈尊と多宝仏《たほうぶつ》はじめ十方の仏・菩薩・人天の大衆を拝し、この浄土に迎えとられ再生するという。それゆえに、

霊山浄土……出典は『信じあう人生』第三話法華経信仰と人生一四一―一四二頁。

「この浄土に集《つど》う仏たちは、七郎五郎に手をさしのべ、頭をなで、いだき、喜び、愛するであろう」
と日蓮聖人は示している。法華経を信ずる人生をつらぬき、それに死処を求めたことによって、法華経を信じた心は永遠の命となって仏の世界で生まれかわってゆくことを、日蓮聖人は切々とこの母に語りつづけて止《や》まなかった。

「母としてわが子を恋しく思うならば、南無妙法蓮華経と唱《とな》えられるがよい。亡《な》き夫と子と三人いっしょに一つ所に生まれかわりたいと願われるがよい。亡夫と子と同じ妙法蓮華経の種を心にはらみなされば、同じ妙法蓮華経の国に生まれるのである。三人が顔をあわせたときの喜びはいかばかりであろう」（上野殿母尼御前御返事）

と語り、南無妙法蓮華経と唱える母が思う子に会えないことはないのだ、急ぎ急ぎ法華経の題目を唱え信心につとめ励みなさるがよい、とも説いたのである。

日蓮聖人は、亡き子を思う母の一念をささげて法華経信心の道を歩むことが、亡き夫と子との再会に確実に通じることを説きつつ、

「こう申す日蓮も久しくはもうこの世におらぬであろう。そうすれば、きっと亡き子に会うと思う。もしあなたより先に会ったならば、母の嘆きを申し伝えよう」（上野殿母御前御返事）

とものべ、現在と未来をも包み入れた同悲の心をもって、母と子をともに救い導こうとする誓願と約束をささげたのである。

Ⅱ　夫に先立たれた妻のために

（一）夫婦の永別はつらく——*持妙尼御前御返事《じみょうあまごぜんごへんじ》

弘安二年（一二七九）十一月二日、身延にて書く。日蓮聖人五十八歳。夫婦永別のつらさを語り、信心を導いた亡夫のために、廻向《えこう》の題目を唱えるようその妻にすすめたもの。日興筆古写本現存。（定一七〇六）

1　夫婦永別の悲哀

ご僧膳料《そうぜんりょう》お送りいただき、ありがたく頂戴《ちょうだい》した。もうすでに、故入道殿が亡《な》くなられた命日がきたのであろうか。*あれこれとりまぎれているうちに、つい忘れてしまっていた。あなたにとっては、

持妙尼　「駿河《するが》の国（静岡県）富士郡の賀島庄《かしまのしょう》を所《しょ》領《りょう》する高橋六郎《たかはしろくろう》兵衛入道《ひょうえにゅうどう》の妻女である。尼になってからの名は、持《じ》妙尼《みょうあま》と称した。富士郡久保（窪）の村に居住していたので、窪尼《くぼあま》ともいわれた」（『女人法華』一九三頁）

あれこれとりまぎれ　この年（弘安二年）の夏から秋

よもや忘れられることではなかったであろう。

むかし、*蘇武《そぶ》というつわものは、*漢王のお使いとして胡国《ここく》という国に行ったまま、十九年もの間抑留《よくりゅう》された。妻は離ればなれになった夫を恋いしたい、夫も妻を忘れることはなかった。妻は、恋しさのあまりに、夫の衣を秋がくるごとに、きぬた（砧）の上で打って夫に会いたいと念じたが、その思いが通じたのであろうか、打つ音がはるか遠くの夫の耳に聞こえた、という。

*陳子《ちんし》というものは、夫婦がはなればなれになるときに、鏡を割って、その一つずつを持っていった。夫婦いずれかが相手を忘れたときは、鏡は鳥となってあらわれて告げ知らせた、という。

相思《そうし》というものは、死んだ夫を恋いしたって、そのあとを追い自殺した。隣りあう夫婦の墓から木が生えてからみあった。夫婦は木

にかけて熱原法難にみまわれ、十月十五日に神四郎ら三人が斬首され、一月末か十一月早々に信徒らが釈放されるなど、日蓮聖人の身辺は多事多難であった。

蘇武　中国の前漢の名臣。「石川教張のことば12」（本書一四八頁）参照。

漢王　前漢第七代の皇帝、武帝のこと。儒教を政治教化の基本として内政を確立し、匈《きょう》

となったのだ。*相思樹《そうしじゅ》というのは、この木のことである。

大唐国へ渡ろうとする所に、志賀《しか》の明神という神がまつられている。夫が唐へ行ってしまったのを恋いしたって、妻は神となった。その島の姿は、この女性に似ている。*まつらさよ姫というのは、この妻のことである。

昔よりいまにいたるまで、親子の別れ、主従の別れは、いずれもつらくないものはない。けれども、夫婦の別れほど、たとえようもなく、悲しくつらいものはない。

2　唱題廻向

あなたは、はるかに遠い過去の時代より、女の身として生まれて

奴《ど》を北に追討した。

陳子　中国春秋時代の陳の徐徳言《じょとくげん》と楽昌公主《らくしょうこうしゅ》の夫婦。

相思樹　「石川教張のことば13」（本書一五四頁）参照。

まつらさよ姫　九州唐津の松浦佐用姫と大伴狭手比古《さでひこ》の物語。

きたが、この夫こそ*娑婆世界《しゃばせかい》の最後の*善知識《ぜんちしき》である。

ちりしはな　をちしこのみもさきむすぶ
　などかは人の　返らざるらむ
こぞもうく　ことしもつらき月日かな
　おもひはいつも　はれぬものゆへ

法華経の題目を唱《とな》えなされてさしあげるがよい。

十一月二日

日蓮　花押

持妙尼御前御返事

娑婆　この世。梵語サハーの音写で、忍土・忍界と漢訳される。釈尊が教えを説く世界。

善知識　仏道の正しい教えに導いてくれるよき友人、よき指導者。

（二）冬は必ず春になる——妙*一尼御前御消息

建治元年（一二七五）五月に身延で書く。日蓮聖人五十四歳。夫婦永別の悲しみをつづり、亡夫は法華経にささげた功徳によって成仏し、妻子を訪れ守っていることを示している。真蹟現存。（定九九九）

1　阿闍世王《あじゃせおう》への心配と病気の子への愛情

そもそも天に月がなく太陽がなかったなら、草木はどうして成長できるであろうか。人には父と母とがあってこそ子供も育つのであり、どちらか一方が欠ければ、子供たちが育つのはむずかしい。

妙一尼御前　著者は妙一尼御前について「妙一尼は、文永八年の大難にさいして所領と家宅没収に値《あ》い、その後まもなく夫に先立たれる悲運にぶつかった。夫は、残してゆく妻と病気がちな子を留めて去ることを案じ、さらに佐渡へ流された日蓮の身をも心にかけながら冥途へ旅立っていった」（『人間日蓮』下一六三頁）と記している。

それなのに、あなたは夫を亡《な》くし、病気の子や女の子をかかえて一人残された。しかもあとに残された母であるあなたも丈夫ではない。亡《な》き夫はあとのことを一体誰に頼んで、*冥途《めいど》へ行かれたのであろう。

*大覚世尊（釈尊）は、ご入滅されるとき、

「我は入滅する。ただ心にかかるのは*阿闍世王《あじゃせおう》のことである」

と嘆かれた。そのとき迦葉童子菩薩《かしょうどうじぼさつ》が、

「仏の慈悲《じひ》は平等である。一切衆生のために命を惜しまれないのに、どうして阿闍世王一人を心にかけられるのか」

と尋ねられると、仏は、

「ちょうど七人の子をもつ父母があって、そのなかの一子が病気にかかった。父母の愛は、七人の子供たちにたいして平等ではある

冥途　あの世。死者の霊魂が行きつく幽冥の世界。死者がたどる道。

大覚世尊　大いなる悟りを得て世の人びとから尊崇される人、すなわち釈尊のこと。

阿闍世王　釈尊在世時のマガダ国の王。

が、病気の子にたいしては、特に愛する心が厚いのと同じである」と答えられた。＊天台大師も摩訶止観《まかしかん》にて、この経文を解釈して、

「ある人に七人の子がいて、父母は不平等にすることはないが、特に病気の子に心をかけている」

と、仏は答えられたのだと説明している。

経文の心は、人に多くの子があっても、父母の心は病気の子にあるということである。仏にとっては、すべての人びとは皆わが子なのであるが、そのなかでも父母を殺したり、仏や仏の教えを敵とするような罪深い人は、ちょうど病気の子のようなものである。しかも、阿闍世王《あじゃせおう》はマガダ国の主《あるじ》であるが、仏の第一の外護者《げごしゃ》であり、自分の父でもある頻婆娑羅王《びんばしゃらおう》を殺し、仏にはむかって敵となったために、仏を守る諸天に捨てられ、日も月も怒って異変が生じ、大地もこの王を頂《いただ》かないと震動し、国民のすべても仏法に背《そむ》き、他国か

天台大師　天台大師智顗《ちぎ》。『摩訶止観』は智顗の主著。

らこのマガダ国が攻められた。これは、まったく悪人の提婆達多《だいばだった》を師としたためである。

結局、いまや阿闍世王の身は悪瘡《*あくそう》にかかり、三月の七日にはついに無間地獄《*むけんじごく》におちようとした。阿闍世王がこのようになるのを悲しむから、入滅するとき心にかかるのだということである。

「私が阿闍世王を救わないならば、すべての罪人も王のようになるであろう」

と嘆かれたのである。

ところで、あなたの夫が亡《な》くなるときには、病気の子も女の子もいた。自分がこの子供たちをこの世に残して冥途《めいど》にいったならば、枯れて朽木《くちき》のようである年老いた尼が一人残って、この子供の行《ゆ》く末《すえ》をいかに心配されることであろうか、と嘆かれながら亡《な》くなられたことであろうと思う。

悪瘡　悪性のはれもの。できもの。

無間地獄　八大地獄の最下部で、五逆罪や謗法罪の者が堕ちる地獄。

2　法華経に命をすてた功徳

亡夫はまた、心のすみでは、日蓮のことも心にかけられていたことであろう。

仏のおことばにうそがないのだから、法華経は必ず世に弘まるであろう。法華経が弘まれば、

「この日蓮房はどんなにか、立派な人物になるであろう」

と思っていたであろうに、その甲斐《かい》もなく佐渡へ流される罪を受けたので、

「いったいどうして、法華経の守護神である十羅刹《じゅうらせつ》*は守ってくれないのであろうか」

と思われたことであろう。しかし、故人が今まで生きながらえて

十羅刹　法華経信奉者を守護する十人の羅刹女。法華経巻八陀羅尼品《だらにほん》に説かれている。日蓮聖人は十羅刹女を護法の善神の代表としてしばしば言及している。

おられたなら、日蓮が佐渡流罪をゆるされたときには、どんなにか悦《よろこ》ばれたであろう。

また、日蓮がかねて言ってきたとおり、あやまたずに大蒙古国《だいもうここく》が攻めよせてきて、国土があやうくなったのをまのあたりに見られたならば、さぞ日蓮のことばどおりであったと悦ばれたであろう。

しかし、これらのことを思うのは凡夫の心である。法華経を信ずる人は冬のようなものである。だが冬は必ず春となる。いまだ昔より聞いたことはない、冬が秋にかわることを。また、いまだ聞いたことはない、法華経を信ずる人が凡夫となることを。法華経方便品には、

「もし法華経を聞くことがある者は、一人として成仏しないものはない」

と説かれている。亡《な》き夫は法華経に命を捨てられたのである。わず

かの身命《しんみょう》をささえてきたところを、法華経のために召されたのは、法華経に命を捨てたことではあるまいか。かの*雪山童子《せっせんどうじ》は、「煩悩を断じ、生死を離れれば、常住寂滅《じょうじゅうじゃくめつ》の安楽をえられる」という*半偈《はんげ》のために身を捨て、*薬王菩薩はひじを焼いて仏を供養された。

かの人たちは聖人であるから、火に水を入れたように命はつきなかった。亡夫は凡夫であるから紙を火に入れたように命はつきてしまったのである。

けれども、こうしたことを考えると、亡夫は雪山童子《せっせんどうじ》や薬王《やくおう》菩薩と同じく、法華経に命を捨てた功徳があり、大月輪《だいげつりん》の中か、大日輪《だいにちりん》のなかから、天の鏡をもって、あなた方妻子の姿をうかべて、昼夜十二時にわたり、いつもごらんなされていることだろう。

たとい、あなた方妻子は凡夫であるから、見たり聞いたりはでき

雪山童子　釈尊が過去世において雪山で菩薩行に励んでいたときの名前。涅槃経に書かれる求法の童子。

半偈　雪山童子は鬼神から詩偈の前半部分の「諸行無常是生滅法」を聞き感動する。鬼神は飢えのため後半の偈を説けないと言うので、雪山童子は自分の身を提供し「生滅滅已寂滅為楽」を聞くことができた。

薬王菩薩　過去世

ないとしても――ちょうど耳の悪い者が雷の音を聞かず、盲目の者が太陽の光が見えないように、しかし雷は鳴り、太陽は輝いているように――決して疑ってはならない。亡夫は必ずあなた方を守っていられる。そのうえ、あなた方のところへいつも訪れていられるのである。

で薬王菩薩が法華経を聞いた報恩のため、両ひじを燃やして供養したこと。法華経薬王菩薩本事品に説かれている。

3　必ず日蓮が見守っていく

できるならば、私の方からおたずねしたいと思っていたところに、かえって衣《ころも》を一つ送っていただき、恐縮している。法華経は尊いお経であるから、もし寿命があるならば、この功徳で尼御前は生き長らえて、子供たちを育てることができよう。もし亡くなられても、草葉《くさば》のかげからご覧下さい。幼い子供たちは必ず日蓮が見守っていくであろう。

佐渡の国のときといい、この身延のときといい、下僕《げぼく》を一人つけてよこされたことは、いつの世までもどうして忘れることができよう。この恩をまた生まれ変わって、ふたたびお返しいたしたいと思う。

南無妙法蓮華経、南無妙法蓮華経　恐恐謹言。

五月　日

日　蓮　花押

妙一尼御前

（三）法華経の女人——*さじき女房御返事

建治元年（一二七五）五月二十五日、身延にて。日蓮聖人五十四歳。法華経の「文字の仏」に供養をささげた功徳は限りなく、まして亡夫にこの功徳が及ばぬことがないと示している。真蹟断片現存。（定九九七）

1　夫と妻

女人は、水のようである。器《うつわ》ものにしたがうから。
*女人は、矢のようである。弓につがえられるから。
女人は、船のようである。かじのままにまかせるからである。

さじき女房　著者は「鎌倉に、さじき女房《にょうぼう》と呼ばれる女性がいた。かつて源頼朝《よりとも》は、桟敷を設けて由比ヶ浜の景色を眺めたことがあった。それ以来、その場所は、さじき（桟敷）といわれるようになった。今の常栄寺裏の山上だという。彼女は、この辺に住んでいたので、地名をとって〝さじき女房〟と称されたらしい」（『女人法華』八七頁）と記

しかしながら、女人は夫が盗人《ぬすっと》であれば、その妻も盗人となる。夫が王となれば、妻も后《きさき》となる。夫が善人であれば、妻も仏になる。今生《こんじょう》のみならず、後生《ごしょう》も夫のあり方によるのである。けれども、夫の兵衛の左衛門どのは「法華経の行者」である。たとえ、いかなることがあろうとも、この夫の妻であるからは、「法華経の女人」である、と仏はお知りになられている。しかもまた自ら心をおこして、法華経の御ために御かたびらを送ってよこされた。

2　文字の仏への供養

法華経の行者となる人には、二つのばあいがある。

している。

女人は矢……著者は『女人法華』（八九頁）で日蓮聖人のいくつもの例を示して解説している。

聖人は、身の皮をはいで仏に供養し、それに文字をうつすことによって法華経の行者となる。

凡夫は、たったひとつたいせつに着ているかたびらなどを、法華経の行者に供養すれば、それを身の皮をはぐものとして仏は受けとられるのである。

この人の供養するかたびらは、たった一つでありながら、法華経の六万九千三百八十四の文字の仏にささげられることになるのであるから、六万九千三百八十四のかたびらとなる。また、六万九千三百八十四の仏は、六万九千三百八十四の文字一つ一つなのであるから、このかたびらも六万九千三百八十四の文字の仏となるのである。

たとえば、千里ばかりもある春の野に、草が一面にみちはえているところに、ほんの少しの豆つぶほどの火を、草のひとつにつけると、一時にはかりしれぬほどの火となって燃えていく。

このかたびらもまたこのようである。ひとつのかたびらではあるけれども、法華経の一切の文字の仏にたてまつったことになる。この功徳は、父母、祖父母をはじめかぎりなき衆生にも及ぼされていくであろう。まして、いとおしいと思うわが夫に、この功徳が及ぶことはいうまでもないと思われるがよい。恐恐謹言。

五月二十五日　　日　蓮　花押

さじき女房御返事

解説　夫と妻を結びつけるもの

1　「法華経の女人」への導き

日蓮聖人は、夫を亡くした妻に向かって、夫婦永別の悲嘆に心を合わせつつ、夫婦の縁《えにし》は決して切れることがないという信仰的生き方を説示した。

妙一尼という妻のごとく、病気の子や女子を抱え、自身も年老いて丈夫でない体である場合、ことさら夫を亡くしたことのつらさは、たとえようもなかったであろう。

「もしここで、今度は自分が死んだならば、残された子どもたちはどうなるのか」

と思えば、その不安と心配の気持ちは深まりこそすれ、脳裏《のうり》から離れはしなかったであろう。しかも、その心は先立っていった夫もまた抱いていた気持ちであった。

「年老いた尼が一人残って、この子供の行《ゆ》く末《すえ》をいかに心配されることであろうか」

という嘆きは、ことばをもはや超えたところで、妻を想う夫の胸中にほかならなかった。

日蓮聖人は夫が妻子の行く末を思う悲嘆《ひたん》を、それに止《とど》まるものと狭くとらえていない。夫が老妻と病子にこめた思いというものが、同じように病子を救おうとした「仏の慈悲」につらなる心である点を強調している。心の病に冒《おか》された阿闍世王《あじゃせおう》を救うことは、一切の罪人や病人の身を嘆き、救済していく父母の愛をあらわすものであった。妙一尼と子にも、この限りなき仏の愛は注がれている、と日蓮聖人はいおうとしたのである。

妙一尼の夫は、しかも法華経を信じた人であった。日蓮聖人の身にも心をかけ、信心を貫いた夫の生き方は、「法華経に命をすてた功徳」を献げた人生であった、という。それは、法華経の救済性によって、いつでも生きつづけているという意味である。法華経捨身の功徳によって再生するからこそ、

「昼夜十二時にわたりいつもごらんなされ、守り訪れてくる」

というのである。

死は「迎え」であるといわれる。亡夫の命は、法華経に迎えられ、そこに生きる。法華経が自身の命となり、訪ね見守ることによって、夫の愛が死によって消滅しない姿を、日蓮聖人はこのよう

に表現した。

現代人は、死にあまりにも無関心である。感傷する心がうすく、悲しみの情も一時的である。しかし、身近な人の死に悲哀《ひあい》しない者はない。

「死者は、生きる者の語ることばをもう聞けないし、思う心もわからない」

と知りながら、なお私たちは死者に語り、思いをはせることによって、生きる者が悲悩《ひのう》をやわらげられることを願わざるをえない。

日蓮聖人は、この思いをさらに一歩すすめ、死者の信仰的再生を示し、亡夫を思う妻の心に、妻子を想う夫の心が注がれることを語ろうとした。そこに、仏の慈悲の永遠さ、普遍性に包まれて、夫の愛もあることを説いたのである。「法華経に捨てた」命は、妻子を守護する心として生き返ることを、日蓮は信の世界で見た、といえよう。

日蓮聖人は、法華経の信心に励み、つねに日蓮聖人を供養しつづけた妙一尼が、子どもをかかえつつ、仏道に歩んでほしいという祈願の心をこめて、この手紙を書いたといえよう。尼の供養に報恩しようと誓い、子どもを見守っていこうとまで語った日蓮聖人もまた、仏の厳愛に身心をおき、

「法華経に命をすてた功徳」

をもって、仏の慈悲にこの妻子を導き、嘆きを希望に変える道をさし示したのである。

2　心と心を結びつけるもの

この法華経の功徳の内容をあかしたのが、さじき女房に宛てた

手紙である。大切なものをささげる、その供養の志《こころざし》は一つのかたびらであろうとも、いっさいの「文字の仏《ほとけ》」にたてまつることになる、という。限りなき仏の慈悲にひろがる功徳の広大さは、また限りなき救済の普遍性につながる。

　まして、愛する夫が、法華経の文字の仏にささげられた功徳に包《ほう》摂《せっ》されることはいうまでもないというのである。妻の、夫への愛は仏の愛となって、死者の世界と生者の思いをつなげていき、それが亡夫の功徳となり、法華経の女人としての妻の生き方と功徳になる、という廻向のありようを説くのである。

　持妙尼にたいして語ったように、夫婦永別の情愛は、時代をこえ、国をこえた人間共通の心である。法華経に導いてくれた善知識《ぜんちしき》たる夫を思うことは、夫が心をとどめた法華経を通じて、生と死の間をいっきょに飛躍させ、その別れの距離と時間をもとびこえて、再びあいまみえ、心と心とを結びつけるものである、ということである。法華経の題目が、そうした夫婦永別の悲嘆を夫婦一体の精神的きずなに結びつけていく仏の慈悲の結晶であることを、日蓮聖人はこまやかに書きつづったのである。

石川教張のことば【9】

功徳

*シダ山のキツネは
仏法に値《あ》って、
生《せい》をいとい、死を願って帝釈《たいしゃく》と生まれたり。
聖霊《しょうりょう》は、濁世《じょくせ》の身をいといて
法華経を信じて仏となりぬ。
一生の間たもちつづけし命を
法華経のゆえにめされしことは

シダ山の……　著者が本書所収の妙一尼御前御消息をもとにまとめたもの。出典は『日蓮聖人ご妙判　引導文聖語集』（一九一二〇頁）。

法華経のおんために
命をささげしことに異《こと》ならず。
法華経を信ずる人は冬のごとし。
冬は必ず春となる
いまだ、昔より聞かず、見ず
冬の秋にかわることを。
いまだ聞かず
法華経を信ずる人の凡夫となることを。
聖霊
この功徳によりて
大日輪のなかより天の鏡にて

昼夜にわたり妻子の身を浮かべ
ご覧ありて、守り給うべし。

石川教張のことば【10】

羽と身*（夫と妻）

昔よりいまにいたるまで
親子の別れ、友との別れは
いずれもつらきことなり
されども、夫婦の別れほど
たとえようもなく
忍びがたき別れはなし
夫は足なり、妻は身なり

羽と身 著者が本書所収の千日尼御返事と持妙尼御前御返事をもとにまとめたもの。出典は『日蓮聖人ご妙判 引導文聖語集』（一〇―一二頁）。

夫は羽なり、妻は身なり
羽と身と別々なれば
なにをもって飛ぶべき
散った花もまた咲きいずる
おちた果実《このみ》もまた実《み》をむすぶ
春の風も、秋の景色も変わらず
なにゆえに、このことばかりのみ
変わってまた戻らざる
月は雲に入りてもまた出でぬ
雲は消えても、またわきいずる
人の命ばかり
出《い》でてかえらざること

天もうらめしく
地もなげかしき思いなり
夜のふけゆくままに
風の訪《おとず》れる声を聞くにつけても
いよいよ嘆きの深まりゆく思いなり

ちりしはな　おちしこのみも　さきむすぶ
などかは人の　かえらざらん

石川教張のことば【11】

妙法蓮華経を持《たも》ちつづける誓願

*持妙尼の名には、妙法蓮華経を持《たも》ちつづける、という誓願がこめられている。その名のとおり、彼女はこまめに立ち働き、こまやかに看護を尽くした。

ある日、身延に瓜一籠や小枝豆、芋、海苔などを供養し、夫の病《やまい》が癒《い》えるよう日蓮聖人にたのんだ。

さっそく、手紙が届いた。そこには、法華経の行者を供養する功徳がどんなに大きいかがしるされ、

持妙尼の……　著者は持妙尼の剃髪や夫婦の絆を切々とつづっている。出典は『女人法華』（一九五―一九七頁）。

「女人の御身《おんみ》として尼となられたことは、ことばに及ばないほど貴いことである」

と書かれていた。

日蓮聖人にとって、高橋兵衛入道《ひょうえにゅうどう》*は古くからの信徒であった。念仏者らに囲まれながら、いささかも法華経の信心をひるがえすことがなかった信頼すべき人物であった。

いまの日本は、他国に攻められ、亡国の危機にあるが、これは運命共同体ともいうべき仏の国土の実現を説く法華経を誹謗《ひぼう》する者たちが招き寄せたものであった。日本の人々は、今や心の重病におかされている。

これにひきかえ、入道は身に病をうけているが、心の病人ではまったくない、と日蓮聖人は語っているようであった。

高橋兵衛入道　駿河（静岡県）富士郡加島（賀島）庄を所領としていた。

しかも、夫の病を治したいと願って尼となった姿に、日蓮聖人はいたく感動し、そのおこないを称讃していた。

さらに、こう書かれていた。

「だが、なによりも入道殿の病気を、日蓮も嘆き入っている。もうしばらく生きておられて、いかに法華経を誹謗する世の中が浅ましいか、人々が生け捕りなどの悲惨な憂き目にあわざるをえないか、そして法華経によって世の中がどう安穏《あんのん》になるか、をご覧なされよ、と申し伝えてほしい」

持妙尼が、この手紙を夫に聞かせたのはいうまでもない。

夫の入道はかすかに微笑し、

「この世の中、見るべきものは見てきた。見ることができる間は、さらによく見ておこう……。そなたを、いつも見守っていこう……」

といった。

高橋六郎兵衛入道は、まもなく病死した。日蓮聖人は、弟子の大進房《だいしんぼう》をつかわして回向《えこう》をささげた。

持妙尼は、夫の命日には僧膳料《そうぜんりょう》をとどけ、つねに追善供養《ついぜんくよう》を怠ることがなかった。

石川教張のことば【12】

蘇武の苦難と望郷*

漢《かん》の武帝《ぶてい》が天下を治《おさ》めていた頃のことである。前漢元年（紀元前一〇〇年）、中郎将《ちゅうろうしょう》という位にあった蘇武《そぶ》は、武帝の命をうけて捕虜交換の平和使節として北方の胡国《ここく》に赴《おもむ》いた。胡国を匈奴《きょうど》・北狄《ほくてき》と呼んでいた漢にとって、この北方の騎馬民族を打ち倒すことは最大の外交と軍事上の課題であった。

胡国を訪れた蘇武の一行は、たまたま副使が胡国の内紛にまきこまれたため、全員が捕われの身となってしまった。胡国の王単《ぜん》

*蘇武の……　出典は『日蓮聖人のものがたり世界　中国篇』（一五五―一五六頁）。

于《う》は、使節団を脅かして降服させたが、ただ一人蘇武だけはこれを拒否し、剣を抜いて胸を刺したが一命をとりとめた。

単于は再三降服をすすめたが、蘇武はついに承知することがなかった。そのため暗い牢に幽閉《ゆうへい》された。食物も与えられなかったので、敷いていた毛をほどいて口に入れ、飢えをしのいだ。

やがて蘇武は、北海（バイカル湖）のほとりに追いやられた。胡国の単于は、

「羊でも飼ってくらすがよい。もし羊に子が生まれたら帰してやろう」

と言った。しかし与えられたのは、オスの羊ばかりであった。

大海のような湖のまわりには、大木がうっそうと繁っていた。人の影はどこにも見えない。蘇武の顔はヒゲぼうぼうとなり、頭

に毛皮《けがわ》をかぶって羊を飼っていたが、その羊もやがて死ぬと、弓矢を作って山野をあちこちかけめぐって獲物を探し求めた。

かれは一年中きびしい寒さに身をさらし、飢えにさいなまれた。野ネズミをさがして口に入れることもあったが、雪を食べては飢えや渇きをいやすことの方が多かった。蘇武は、粗末な丸木小屋で孤独と戦いながら、だれにも知られることなく、黙々とその日をすごしていた。

蘇武が北海のほとりに抑留《よくりゅう》されること、実に十九年の長きに及んだ。どんなことがあろうとも、胡国に降服するなどという恥をさらしたくはない、いつか必ず故郷の国に戻りたい。その一念が、厳寒に身をさらし雪を食として生きる蘇武を支えていたのであった。

故郷に残された妻は、夫との別れを悲しみ、いつも涙にくれていた。しかし、夫に会いたいという思いはつのるばかりであった。妻は、秋がやってくるたびに、夫の衣服を洗い砧《きぬた》の上において懸命にたたいた。その音は四方にこだましていった。夫のことを切なく想う妻の気持ちが通じたのであろうか、その音ははるか彼方にいる蘇武の耳に届いたのであった。蘇武は、たがいに固く結ばれた夫婦の想いは、時がすぎ場所が遠く隔たっていても、必ず通じあうものであることを痛感するのであった（持妙尼御前御返事）。

妻子を恋い慕って雁の足に手紙を結ぶ　蘇武は、厳寒と飢えと孤独のなかで、故郷のことだけを想いつづけた。そのとき蘇武は、あることを思いついた。雁の足に手紙をつけて南に飛ばすことであった。

かれは、

「蘇武は北海の大沢にいる」

と書いて雁《かり》の足に結んで空に放した。漢の武帝のあとを継いだ昭帝《しょうてい》の六年（紀元前八一年）のことである。

この年、漢の使いが胡国を訪れた。使いは、

「天子が上林苑で狩りをしておられたとき、一羽の雁をしとめられたところ、雁の足に蘇武からの帛書《はくしょ》がつけられていた。蘇武が生きているのはまちがいない。ぜひ引き渡してもらいたい」

と強く主張した。

胡国の王は、これまで漢にたいして蘇武はもう死んだと伝え

てきたが、ついに雁の足につけられた手紙によって、これ以上抑留《よくりゅう》することができないことを知って蘇武を釈放し、故郷に帰すことを決めたのであった。

こうして、蘇武は十九年ぶりに漢に戻ることになった。

この話は、漢の使節のひとり常恵《じょうけい》という者が胡の地で蘇武の生存を聞き知って漢の使いに伝えたので、漢の使いがこの話をつくって胡国の王を説き伏せたともいわれている。

しかし、雁の足につけられた手紙によって蘇武が故郷に帰ることができた話は、いちやく世に知られることになった。

そこで、手紙のことを「雁書《がんしょ》」というようにもなった。それは、「ふるさとの妻と子を恋しく想うあまりに、雁の足につけたふみ（文）」（妙心尼御前御返事）のことでもあった。

石川教張のことば【13】

相思樹*

引き裂かれた愛する夫婦　相思樹《そうしじゅ》という木は、熱いところにしげっている。この木の名は、いつまでも思いつづけて変わることがなかった夫婦の愛情と信頼の心からおこったものである。

宋の康王《こうおう》の家臣に、韓憑《かんひょう》というものがいた。妻とは、はたもうらやむほど仲よく暮らしていた。これを聞いた康王は、ひどくねたましく思い、また美しい妻を一目みるなり、権力にも

相思樹　出典は『日蓮聖人ものがたり世界　中国篇』七三—七六頁)。

のをいわせて、横暴にも彼のもとから妻を奪いとってしまった。

彼は、康王のしうちに抵抗して妻を守ろうとしたが、ついに無理矢理、夫婦はひきさかれてしまった。何回も、

「かえしてほしい」

と彼は懸命に懇願したものの、とうとう妻はもどされることがなかった。

彼は、食べることも眠ることもせず、ひたすら優しい妻のことだけを思いつづけ、やがてみずから命を絶ったのであった。

いっぽう、妻もまた毎日、康王にとらわれた身を嘆き、夫を恋いしたって涙を流しつづけていた。いつも袖は涙にぬれて、その滴が足もとをぬらした。愛する夫は、いまどうしているのかしら、はやく会いたい、お会いしたい……。切なく忍びがたい思いが、

彼女の胸をしめつけた。

そのとき、彼女は、夫が自殺したことを聞かされた。妻は、身を投げだして泣いて泣いて泣きつづけた。

夫婦の墓から二本の梓の木　ある日、妻は高い楼台にのぼり、はるかに夫のことを想いながら、身を投じた。

怒った康王は、夫婦を一緒に葬ることを許さなかった。わざわざ、夫の墓からはなして、その隣に妻を埋葬したのである。

それから、何回か日が昇り、月が照り、また日が輝いた。夫婦の葬られた二つの墓から、二本の梓《あずさ》の木がすくすくとはえてきた。

梓の木は、ずんずん大きくなり、枝をひろげ葉をいっぱいに繁らせていった。

夫の墓からはえてきた梓の枝は、妻の方にまっすぐ枝をのばしていった。妻の墓からはえた梓の枝は、夫の方にキラキラ輝きながらのびてゆき、やがて二つの枝はがっちりとからみあった。

枝は、はげしくいく重にもからみあい、つづら織りのように一つに抱きあい、明るい天空に一本の木となって佇立《ちょりつ》していった。ほのかに吹きつける風のなかで、一本の梓となったこの木は、かすかにふるえながら、いつまでも枝をからみあわせながら繁っていった。

相思相愛　その木には、かならずオスとメスのオシドリが飛んできてとまり、やさしく軽やかな声で鳴きつづけた。これを見た人びとは、この木を相思樹《そうしじゅ》と呼んだのであった。

「相思というものは、夫を恋いしたい墓に葬られて木となった。相思樹というのは、この木のことである」（持妙尼御前御返事）。

たがいに、身も心もひとつになって、仲よく暮らす夫婦の仲むつまじい姿を、相思相愛《そうしそうあい》というようになったのは、この話にもとづくものである。

一心に思い、恋慕の気持ちをつらぬいていく人生をしるしてこそ、生きているときだけでなく、未来までずっと変わらない永遠の命をたもつことができるのである。そこに限りない慈悲と恋慕の、朽ちはてることのない永遠なる魂が宿るのである。

仏にささげる恋慕渇仰《れんぼかつごう》の一心も、法華経に帰命する信の一念も、こうした夫婦のあいだにこめられた深い愛情のこころざしと変わらないのである。

石川 教張　いしかわ・きょうちょう

1941(昭和16)年生まれ。早稲田大学文学部卒業。立正大学大学院博士課程修了。元東京・本佛寺住職。東京立正女子短期大学副学長・教授。日蓮宗現代宗教研究所顧問。日本ペンクラブ会員。2002(平成14)年遷化(世寿62歳)。主要著書——凡例(13頁)参照。

日蓮聖人の手紙 1——死別の悲しみ

平成18年10月30日　印刷
平成18年11月15日　発行

著　者　石川 教張
発行者　佐藤 今朝夫
発行所　株式会社　国書刊行会
〒174-0056　東京都板橋区志村1-13-15
TEL 03-5970-7421　FAX 03-5970-7427
http://www.kokusho.co.jp
e-mail: info@kokusho.co.jp

組　版　(有)国書サービス
印　刷　明和印刷(株)
製　本　(合)村上製本所